KB089030

어떤 삶을 살든 자기 사랑만큼은
절대 양보하지 마라

어떤 삶을 살든
자기 사랑만큼은

내가 걸어온 모든 길에는
이유가 있다

이현희 지음

절대 양보하지 마라

두드림미디어

    우리에게 시련이 찾아오는 이유는 무엇일까? 우리는 살아가
며 많은 시련을 맞닥뜨리게 된다. 하지만 이 시련을 힘들게만
받아들인다면 시련 속에서 진정한 깨달음을 얻을 수 없을 것이
며 성장 또한 할 수 없을 것이다. 시련이 찾아왔기에 삶의 소중
함도 알 수 있는 것이며, 그 중심에 서 있는 자신과도 만날 수 있
게 되는 것이다. 신은 우리에게 결코 감당못할 시련을 주지 않
으신다. 시련을 시련으로만 받아들이지 않고 즐긴다면 마음의
근력도 생기게 될 것이다. 또한 내가 설계한 인생 속에서 참사
랑을 알아가며 모든 것들을 관용으로 품고 사랑할 수 있는 마
음이 생긴다면, 삶이 힘듦이 아니라 매사가 신의 축복임을 깨닫
게 될 것이다.

    나는 안정적인 결혼생활 중 찾아온 사기로 인해 이혼을 겪으
며, 홀로 세상 밖으로 나오게 됐다. 홀로서기 과정 중 현실을 받
아들이지 못해 자살 시도도 했고, 우울증과 불안증으로 신경안
정제까지 복용했다. 진정으로 나의 소중함을 알지 못했기에 자
신을 나만의 감옥에 가둬 자책하며 학대한 것이었다. 이런 과정

을 겪으며 나는 스스로 정말 소중한 존재임을 깨달을 수 있었다. 나는 누구도 아닌 내가 사랑해줘야 함을 깨달았다. 또한 성공보다 더 값진 소중한 것의 가치도 알게 되었다. 우리는 물질적인 성공만 바라보며 바쁘게 살아가기에, 인생의 진정한 가치가 무엇인지 알지 못한다. 자신을 오롯이 사랑하기 위해 무엇을 우선순위를 두어야 하는지 모른 채 살아가게 되는 것이다.

자신을 사랑하기 위해서 우리는 가장 먼저 해야 할 것은 무엇일까? 그것은 바로 지난날 과거의 자신부터 용서하는 것이다. 자신을 진정으로 용서해야 용서의 참뜻을 깨닫게 된다. 더 이상 내게 용서하지 못할 것이 없어지는 것이다. 이 용서가 바탕으로 깔려 있어야 자신을 진심으로 사랑할 수 있게 된다. 마음속에 쌓아놓은 감정들에서도 벗어날 수 있게 되는 것이다. 또한 마음속에 담아두었던 감정들을 다 털어내어 빈 곳을 만들어야 한다. 그래야 그 속에 사랑과 감사가 충만하게 채워질 수 있다.

홀로서기로 세상 밖을 나와보니 내가 가진 재능도 알 수 있게

되었다. 이 세상을 어떻게 사랑하며 살아가야 하는지도 깨달을
수 있었다. 죽고만 싶었던 우울감에서 벗어나, 늘 사랑과 감사
가 충만한 삶으로 변화시킬 수 있었던 것도 자신을 사랑하면서
부터 시작된 것이다. 또한 내면의 울림에 귀를 기울일 때, 삶의
방향도 달라짐을 알 수 있게 되었다. 여러분들도 이제 더 이상
누구의 삶이 아닌 자신만의 소중한 삶을 설계하며, 그 속에 있
는 소중한 자신을 찾아가는 것은 어떨까? 타인에 이끌리지 말
고 스스로 창조해나가는 창조자의 입장으로 살아보면 어떨까?
자비의 마음을 가지고 세상을 산다면 마음속에는 늘 사랑의 감
정이 충만할 것이다.

　나는 시련을 겪으며 진정한 용서와 사랑의 참뜻을 깨달을 수
있었다. 마음에서 우러나오는 감사가 무엇인지, 이 세상을 어떻
게 살아가야 하며, 나로 인해 어떻게 사랑과 감사가 뻗어나갈 수
있게 되는지를 깨달을 수 있었다. 이 모든 것은 시련이라는 신
의 축복이 있었기에 가능한 것이었다. 이제는 사람들에게 희망
을 심어주는 선한 영향력을 끼치는 사람으로, 인생을 새로이 살

아갈 수 있게 되었다. 또한 내게 제일 소중한 사랑하는 아들에게 당당하며 떳떳한 엄마로 살아가기 위해 갇혀 있던 우물 안에서 스스로 나올 수 있었다. 이제는 나로 인해 세상을 변화시킬 수 있음을 알기에 더 힘차게 세상으로 걸어나갈 것이다. 이러한 작은 변화들이 모인다면, 분명 사랑이 넘치는 사회가 될 것이다.

항상 옆에서 엄마를 묵묵히 응원해주고 있는 사랑하는 아들 규연이에게 이 책의 지면을 빌려 고마움을 전하고 싶다.

규연아, 엄마 아들로 태어나줘서 고마워.
사랑이 많은 아이로 바르게 성장해줘서 고맙고,
이제는 네가 가진 사랑을 나눠줄 줄 아는
어른이 되어줘서 고마워.
사랑한다. 자랑스러운 아들 규연아!

이현희

차
례

1장

모든 미래는
지금의 나에게서
시작된다

나는 23세에 결혼했다. 대학을 졸업해서 장래를 준비하고 있던 남편을 보며 든든한 반려자의 역할을 다해줄 거라는 믿음이 컸다. 농약 장사를 준비 중인 남편과 고향으로 내려와 농약을 팔게 되었다. 농사꾼인 남편의 형은, 통학버스가 없는 시골 학교의 환경 탓에 오토바이로 아이들을 등하교시키고 있었다. 남편은 그나마 우리는 면 소재지에서 사니, 평일만이라도 조카들을 우리가 돌봐주자고 했다. 나는 남편의 제의에 흔쾌히 응했다. 그렇게 농약 장사와 조카들을 책임지며 결혼생활을 시작하게 되었다.

새벽 4시만 되면 손님이 "농약 주이소" 하며 문을 두드렸다. 그러면 잠귀가 밝은 나는 얼른 일어나 가게 문을 열었다. 내가 잠옷 대신 늘 체육복 차림으로 잤던 이유다. 가게 문을 열고 나민 식사 준비와 조카늘 학교 보내기 등 정신없이 바쁜 하루가 시작되었다. 비료 차가 올 때면, 그 위에 올라 타 비료 포대를 내려주고 남편은 밑에서 받아내리곤 했다. 5톤에 달하는 짐을 둘이서 다 부린 것이다. 손톱이 부러지고 손끝이 얼얼해도 당연히 내가 해야 할 일로 받아들였다. 꾀 한번 내지 않고 군말 없이 그 작업을 해냈다. 농약의 '농' 자도 알지 못했던 내가 손님한테 무식하게 보이지 않으려고 애써 농약 공부를 했던 기억이 있다.

농약에 대해 잘 몰랐던 터라 몸이 힘들어도 차라리 배달일이 더 낫겠다 싶었다. 1톤 트럭 한가득 상토를 싣고 배달에 나선 어느 날이었다. 커브 길을 도는데 그만 상토가 쏟아져내리고 말았다. 나는 비상등을 켜고 혼자 그 상토를 주섬주섬 실어올렸다. 그뿐만 아니라 배달 가다 차를 논에 처박은 적도 있었다. 25킬로그램이나 되는 석회를 배달해야 할 때는 육체적으로 너무 힘들었다. 그래도 미래를 위해 꿋꿋하게 내 몫의 일을 해냈다.

우리 아이가 태어나니 더 정신이 없었다. 남편이 배달을 나갈 때는 농약 냄새가 심한 가게에 아이를 둘 수 없어 방에 혼자 놔두곤 했다. 손님이 간 후, 방에 들어가 보면 아이는 장난감 강아지 꼬리를 입에 물고 잠들어 있었다. 그런 아이를 볼 때면 미안함에 가슴이 아팠다.

어떤 날은 방 안이 잠잠해 들어가 보면, 아이가 분유를 온 방바닥에 쏟아놓고 그 위에서 놀고 있었다. 엄마의 손길이 많이 필요할 때인데 장사하느라 아이를 혼자 내버려두다 빚어진 불상사들이었다. 그렇게 아이는 혼자 놀다 지쳐 울고 있을 때가 많았다.

내가 이런 상황에 불만을 내비치기라도 하면 남편은 "애만 보고 살래?"라며 말했다. 그때는 그 말이 정말 섭섭했다. 가게를 일궈야 하는 가장 입장인 남편에게는 내가 철없게만 보였을 것이다. 하지만 "잘하고 있는 거 알아. 조금만 더 같이 고생하자" 하는 위로의 말 한마디가 필요했었다.

둘째 조카는 지적장애가 있어 지능지수가 낮았다. 학교만 보내면 속옷에 변을 봐오고 세수조차 혼자 하지 못했다. 목욕도 다 시켜주어야 했다. 그때 나는 변 묻은 조카의 속옷을 빨기 싫어 다 내다버리곤 했었다.

큰 조카의 숙제를 봐줄 때였다. 가르쳐줘도 잘 알아듣지 못하니 화가 버럭 났다. 나도 모르게 연필로 조카의 발가락을 때리고 말았다. 순간적으로 치미는 감정을 참지 못한 것이다. 내 힘듦을 조카에게 푸는 것 같아 미안하기도 했지만, 그보다는 자신에게 더 화가 났다. 시골에서 장사하며 조카를 키우고 있는 자신이 처량하게만 느껴졌었다. 이야기할 상대도 없던 나는 혼자 신세 한탄을 늘어놓으며 시간을 보내곤 했다. 그렇게 조카 둘을 5년간 키우며 돌봐주었다. 통학버스가 다니게 되면서 조카들은 집으로 돌아가게 되었다.

시아주버님은 농사지으시며 양계도 하셨다. 닭이 출하되는 날이면 온 식구가 매달려 닭을 잡아 닭 차에 실어줘야 했다. 날이 밝을 땐 닭을 잡을 수 없어 밤에 작업해야 했다. 닭장 안에는 닭털 먼지가 하얗게 떠다니곤 했다. 시아주버님은 한 손에 세 마리씩 잡으라고 했지만, 나는 한쪽 손에는 세 마리, 한쪽 손에는 두 마리를 잡아 닭 차에 실어주었다. 처음에는 할만하다가도 시간이 지나면 힘이 빠지고 팔도 아파왔다. 닭들이 발톱으로 할퀴어 손등에선 피가 나기도 했다. 작업은 보통 서너 시간이 소요되었다. 작업이 끝나고 나면 닭털이 붙어 온몸이 하얗게 되었다. 닭을 잡아 차에 실어주는 일이 보통 일은 아니었지만, 가족이니 내 몫을 하지 않을 수 없었다. 나는 힘든 일, 궂은 일 마다하지 않고 열심히 일했다.

2003년 가을, 친정에 갔을 때 엄마는 내게 이렇게 말씀하셨다.
"병원에 갔더니 대장암이라네. 배 한번 만져봐. 덩어리가 만져지지?"
정말 엄마 배 왼쪽 부분에서 덩어리가 만져졌다. 암 덩어리가 몸 밖에서 만져질 정도면 암이 상당히 진행된 상태가 아닌가 의아했다. 엄마는 너무나 담담하게 말씀하셨다.
"하나님께서 살려주시면 사는 거고, 천국으로 데려가면 가는 거라 하나님께 모든 것을 믿고 맡기면 돼."
엄마는 정밀검사도, 수술도 받지 않으셨다. 그로부터 6개월간 혼자 고통을 다 겪으시고 돌아가셨다.

어떤 삶을 살든 자기 사랑만큼은 절대 양보하지 마라

엄마는 독실한 기독교 신자셨다. 매일 새벽기도를 다니시고, 수요예배, 주일예배 등 일주일의 반은 교회에서 사셨다. 또한 개척교회 전도사로 일하실 때는 보수도 받지 않고 교회에 헌신하셨다. 암에 걸리셨을 때도 죽음을 두려워하지 않는 믿음을 보이셨다. 어려운 형편임에도 소외된 이웃들을 도와주고, 독거노인을 집으로 모셔와 돌보기도 하셨다.

알코올중독 증세가 있으셨던 아빠는 가끔 폭력도 행사했다. 그런 아빠와 사시는데도 엄마에게는 항상 감사와 사랑이 넘쳤다. 그때 엄마가 수술을 마다하신 이유를 곰곰히 짚어봤다. 믿음이 강한 이유도 있으셨겠지만, 수술비 등으로 남아 있는 자식들에게 부담 주기가 싫으셨을 터다. 엄마의 삶을 돌아보며 왜 그렇게 힘들게 사시다 가셨는지 생각해봤다. 힘든 삶 속에서도 주변 사람들에게 그리스도의 사랑을 전하고자 애쓰셨던 것 같다. 또한 우리 자식들도 그 사랑을 배워 똑같이 실천하기를 바라셨던 것 같다.

그런 모습을 보고 자란 나는 엄마와 많이 닮은 것 같다. 사람들에게 나눠주는 걸 좋아하고, 사람들의 딱한 사정을 외면하지 못해 도움의 손길을 주곤 한다. 그 속에서 기쁨과 보람을 느꼈다. 베풀수록 내게 두 배로 돌아온다는 걸 알기 때문에 베풀고 사는 데 익숙한 편이다. 정신적 지주였던 엄마가 일찍 돌아가시고 나자, 일찍 철들 수밖에 없었다. 시어머님이 병환으로 누워 계실 때 기저귀를 갈아드리면서도 더럽다고 느껴지지 않았다.

엄마의 고통스러운 죽음을 곁에서 지켜본 나는, 시어머님이 고통 없이 천국으로 가셨으면…, 하고 간절한 마음으로 기도했었다. 시어머님이 돌아가시고 홀로 남겨지신 시아버님도 살뜰히 돌봐드렸다.

맹자는 이런 말을 했다.

"하늘이 장차 어떤 사람에게 큰일을 맡기려 할 때는 반드시 먼저 그 마음과 뜻을 흔들어 고통스럽게 하고, 뼈마디가 꺾어지는 고난을 겪게 하고, 그의 몸을 굶주리게도 하고, 그의 생활을 빈궁에 빠뜨려, 하는 일마다 어지럽게 하느니라. 이는 그의 마음을 두들겨서 참을성을 길러주어 지금까지 할 수 없었던 일도 할 수 있게 하기 위함이니라."

나는 어린 나이에 결혼생활을 시작하며 장사하는 바쁜 와중에도 시부모님을 지극정성 돌봐드리며 집안 대소사도 챙겼다. 조카 둘과 내 아이까지 셋을 키워야 하는 버거운 삶도 감당해냈다. 또한 엄마의 고통스러운 죽음까지도 지켜봤다. 그런데 왜 나는 다른 친구들처럼 평범하게 살지 못하는 걸까? 남들처럼 대학도 다니며 꿈을 향해 도전하는 삶이 아닌 힘듦을 견뎌내야 하는 삶이었을까? 생각해봤다. 이것은 내가 할 수 없다고 생각하는 일들까지 할 수 있는 단단한 사람으로 만들려는 신의 선물이었다는 것을 깨달을 수 있었다.

어떤 삶을 살든 자기 사랑만큼은 절대 양보하지 마라

누구에게나 고난은 찾아온다. 하지만 그 고난을 대하는 이의 마음가짐에 따라 결과는 다르게 나타난다. 자신의 어려움을 한탄만 하면 그 안에서 답을 찾아낼 수 없다. 반면 그 어려움 속에서 깨달음과 지혜를 얻는다면, 그건 더 나은 삶으로 나아가게 하는 디딤돌 역할을 해줄 것이다. 이러한 고난이 찾아온 데는 다 이유가 있고, 나를 더 단단하게 가다듬으려는 신의 축복으로 받아들일 때, 삶의 무게는 그만큼 가벼워질 것이다. 더불어 미래를 밝혀주는 희망도 함께 보게 될 것이다.

인생은 한 편의 드라마와도 같다. 행복도 절망도, 기쁨도 슬픔도 인생이라는 드라마 속에서 느낄 수 있는 감정들이다. 그 상황을 어떻게 받아들이느냐에 따라 우리의 인생은 희극이 될 수도, 비극이 될 수도 있다. 그러니 힘듦을 힘듦으로만 받아들이지 말고 그 속에서 지혜와 깨달음을 얻어 더 성숙해지는 자신으로 만들어나가보자. 지금의 힘듦은 신이 내게 주신 축복인 것이다.

지금 어디에 있는지 알아야
길을 잃지 않는다

2017년 나는 사기를 당하면서 이혼했다. 20년을 시골에서 장사만 했기에 처음 홀로서기 할 당시 무슨 일을 해야 할지 몰랐다. 일자리를 찾기 위해 전단을 보니 정수기 필터 교체할 코디를 구하고 있었다. 시급이 2만 원에 '초보자 가능'이라고 적혀 있었다. 사회생활 경험이 크게 없었던 나는 '초보자 가능'이기에 당장 면접을 봤다. 거기서 말하는 시급 2만 원은 한 시간 동안 필터 3개를 교환할 경우를 계산한 것이었다. 그렇다면 한 달에 필터 200개를 갈 때 월급이 기본 150만 원 정도 되는 것이다. 또 정수기나 공기청정기를 팔면 받게 되는 수당도 있었다. 장사를 오래 했기에 영업을 잘할 거란 자신감도 있었다. 나는 당장 시작해보겠다며 교육에 참여했다.

교육기간 일주일 동안 나는 누구보다 열심히 했다. 필터 교체

방법을 빠르게 습득하며, 고객응대 발표시간에도 자신감 있게 발표하는 나름 모범생이었다.

'지금은 필터를 가는 코디지만, 매니저까지 올라갈 수 있을 거야.'

사회초년생의 심정으로 돌아가 나는 열의와 자신감에 차 있었다. 하지만 막상 동네 배정을 받아 필터 교체 작업을 하러 다녀보니 현실은 생각과 달랐다. 남자 혼자 사는 집이 제일 무서웠다. 약속 시각에 가보면 속옷 바람에 컴퓨터게임을 하고 있기도 했다. 집은 거의 쓰레기장 수준이었다. 정수기도 너무 더러워 작업 시간도 오래 걸렸다. 무서움과 두려움에 어떻게 정수기 청소를 하고 나왔는지 기억도 잘 나지 않는다. 또 어떤 집은 비데 필터를 갈기 위해 변기 뚜껑을 올려보곤 더러워 다시 뚜껑을 닫은 적도 있었다.

정수기와 공기청정기까지 해서 4대나 되는 우수 고객의 집을 방문했을 때 집주인과 함께 있던 지인이 정수기를 문의하셨다. 나는 팸플릿을 펼쳐 친절하게 설명해드렸다. 가방에 있는 작은 선물까지 챙겨드리며 그분의 전화번호를 받았다. 나는 처음으로 정수기 판매할 수 있겠다는 생각에 들떠 있었다. 집주인이 나갈 때 쓰레기봉투도 버려달라고 해서 웃으며 해드렸다.

다음 날 그분께 연락을 드렸지만 전화를 받지 않으셨다. 몇 번 더 전화를 드렸지만 바쁘다 하시며 전화를 끊으셨다.

판매한다는 것이 만만하지 않다는 걸 느끼며 생각했던 것과 현실이 너무 다름에 한숨이 나오기도 했다.

하루는 원룸 주차장에 턱을 밟고 차를 주차해둔 채 정수기 필터를 갈고 나왔다. 그런데 타이어가 찢어져 있었다. 차를 견인해 타이어 교체하는 데 비용이 8만 원이 나왔다. 필터 교체비용 6,000원을 벌기 위해 타이어 교체비용 8만 원을 쓴 것이었다. 현실을 자각하기 시작했다. 남의 돈을 번다는 것이 쉽지 않다는 것을 뼈저리게 느낄 수 있었다. 남편이 경제권을 가지고 있어서 생활비만 타서 썼기에 돈 버는 것이 이렇게 힘든 일인 줄 몰랐다.
정수기회사에서는 절대 필터만 갈게 하지 않았다. 정수기랑 공기청정기를 팔아야 했다. 한 달에 몇 대씩 할당량을 정해주었다. 그래서 어쩔 수 없이 내가 사는 집에 정수기, 공기청정기부터 구매할 수밖에 없었다. 또 고객에게 줄 판촉물도 구매해야 했다. 그렇게 두 달을 하고 나니 이건 할수록 손해였다. 돈을 벌기는커녕 주위 사람들이 날 피하게 만들고 집에는 판촉물만 쌓이게 되었다. 그만두니 판촉물대금이랑 내가 구매한 제품 임대료만 남게 되었다. 나는 세상 물정 모르는 우물 안 개구리였다. 우물 안에서 보는 하늘이 다인 줄 안 것이다.

얼마 후 아는 지인이 같이 동업해서 포장마차를 해보자고 했다. 나는 싹싹한 편에 음식솜씨도 있어 크게 고민하지 않고 제의를 받아들였다. 또 나는 사기당한 돈을 금방 받을 거라 생각했기에 동업자금 2,000만 원도 금방 갚을 수 있을 거라 생각했

어떤 삶을 살든 자기 사랑만큼은 절대 양보하지 마라

다. 소상공인 정부지원금 융자로 포장마차를 시작하게 되었다. 그러나 당시 구미에 있는 LG기업이 파주로 이전하면서 구미 인구가 외부로 많이 빠져나간 상태였기에 상권 자체가 많이 죽어 있었다. 그렇지만 그때는 그런 것들이 눈에 들어오지 않았다. 상권이 좋은 곳인지 안 좋은 곳인지도 몰랐고, 장사 수익 계산하는 방법도 몰랐다. 아무것도 안 하고 있을 수는 없기에 포장마차 동업을 남들에게 보여주기식 일종의 도피처로 생각한 것이다. 장사도 절박함에 죽을 각오로 해야 했는데 그때 사기 당한 일로 경찰 조사, 법원 등 볼일 볼 것들이 많았다. 또한 마음을 잡지 못하고 방황만 하고 있던 때라 장사에 집중할 수 없는 상태였다.

　장사한 지 3개월쯤 지났을 때 동업자가 개인적인 일이 생겨 더 이상 같이 할 수 없는 상황이 되었다. 나는 어쩔 수 없이 혼자 가게를 운영할 수밖에 없었다. 여자 혼자 장사를 하니 술 취한 남자들을 상대하는 것이 버거웠다. 그래도 단골손님이 늘어나면서 예약이 있는 날에는 하루 매출 100만 원을 올린 적도 있었다. 그럴 때는 스스로 대견스럽기도 했지만, 장사가 안 되는 날이 더 많았다. 친구들이 놀러와서 다른 장소로 이동할 때, 나도 가게 문을 닫고 따라가곤 했다. 문을 닫는 시간이 일정하지 않으니 자연적으로 손님이 끊길 수밖에 없었다. 그렇게 내 마음 하나 못 잡은 상태였기에 그런 것들이 전혀 눈에 들어오지 않았다. 가겟세와 재료비를 떼고 나면 인건비가 나오지 않았다. 결국 8개월 만에 폐업하고 말았다. 가게를 정리하고 나니 내게 남은 건

빛 2,000만 원과 잘못된 선택으로 인한 뼈아픈 교훈들이었다.

스펜서 존슨(Spencer Johnson)은 《선물》에서 "과거를 바꿀 수는 없다. 하지만 과거에서 배울 수는 있다. 과거에서 배움을 얻지 못하면 과거를 보내기는 쉽지 않다. 배움을 얻고 과거를 보내는 순간 우리의 현재는 더 나아진다"라고 했다.

과거를 바꿀 수는 없다. 하지만 나의 지나온 과거를 통해 그 속에서 교훈을 얻을 수 있다. 그 교훈들을 바탕으로 새로운 미래를 향해 나아갈 수 있는 것이다. 하지만 과거를 회피하며 교훈으로 받아들이지 않는다면 똑같은 실수를 되풀이하게 된다. 이런 과거의 아픔들을 극복하며 얻는 교훈들이 다시 일어설 수 있는 원동력이 되어주는 것이다.

나는 현실을 냉정하게 판단하고 쓸데없는 자존심은 버려야 했었다. 쓸데없는 자존심이 판단력을 흐려 앞을 보지 못하게 만들었다. 앞날을 어떻게 설계해야 하는지 또 어떤 방향으로 나아가야 하는지 몰라 길을 잃고 헤매게 된 것이다. 나만이 할 수 있는 일을 찾아 차근차근 배워나가며 죽을 각오로 임해야 했었다. 하지만 자신을 냉정하게 바라보지 않고 모든 문제를 외부에서 찾았다. 내 마음이 안정되지 않았고 각오도 되지 않았음을 인정하지 않은 것이 제일 큰 문제였다.

우리가 살아가면서 삶의 길을 잃는 이유는 무엇일까?

좌절하고 방황할 때 현실을 바로 보지 않기 때문이다. 현재 자신의 상태를 깨닫지 못하기에 앞으로 나가야 할 방향도 잡지 못하는 것이다. 내가 현재 서 있는 위치를 모르면 지도가 있어도 길을 잃을 수밖에 없다. 우리의 인생도 마찬가지다. 자신의 가치를 모르면 인생 로드맵을 그릴 수 없다. 나의 가치는 스스로가 찾아야 한다. 우리는 누구나 무한한 잠재능력을 가지고 있지만, 현실의 절망만 생각하며 스스로 한계를 지어버린다. 스스로 안된다며 단정 짓는 순간 실패를 맛볼 수밖에 없다.

살아가면서 펼쳐지는 수많은 고난과 역경들을 헤쳐나갈 사람은 남이 아닌 바로 자신이다. 자기 자신을 온전히 믿어준다면, 생각하는 관점이 달라지게 될 것이다. 신은 우리에게 감당하지 못할 고난을 주시지 않는다. 때로는 채찍으로, 때로는 당근으로 우릴 더 단단하게 만드신다. 그러기에 잠재력을 가진 자신을 믿어보는 건 어떨까? 오로지 스스로 헤쳐나가야 할 내 인생이다. 등산로가 닦여져 있지 않은 산을 수풀을 헤쳐가며 정상을 올랐을 때의 기쁨은 가본 사람만이 알 것이다. 우리 인생도 펼쳐져 있는 수많은 장애물을 통과해야 하는 장애물 경기와도 같다. 한단계씩 통과할 때마다 통쾌함과 짜릿함이 있는 것이다. 우리 앞날은 절망만 있는 것이 절대 아니기에 살아가며 겪어야 하는 고비들을 즐겁게 받아들여보자.

또한 현재 처한 환경을 비관하지 말자. 나는 처지를 비관하며 자신을 믿지 못했다. 그러기에 길을 잃어버리며 웅덩이로 빠진 것이다. 우리는 어떤 환경에서도 슬기롭게 헤쳐나갈 수 있는 지혜가 있다. 살며 얻어가는 지혜는 앞날에 나침반 같은 역할을 해준다. 그러기에 매 순간의 지금을 즐겨보자. 즐기는 자를 이길 자는 없다. 하루하루를 소중하게 생각하며 즐겁게 살아간다면 정말 인생이 주는 소중함을 깨달으며 살아갈 수 있을 것이다. 모든 순간은 깨달음의 연속이며, 그 속에서 참사랑을 깨닫기 위함이다.

어떤 삶을 살든 자기 사랑만큼은 절대 양보하지 마라

03___

확신은 모든 성공의 출발점이다.

_ 나폴레온 힐(Napoleon Hill)

우리는 누구나 가치 있는 사람이며, 위대하고 특별한 존재다. 나라는 존재는 지구상에 하나밖에 존재하지 않는다. 그래서 더 소중하다. 각자가 가진 재능과 무한한 잠재력이 있음을 깨닫지 못하기에 자신이 가지고 있는 무한한 가능성을 의심한다. 살아가면서 시련이 닥치면 그 시련이 주는 아픈 감정만 느끼기에, 자신이 충분히 헤쳐나갈 능력이 있는 사람이라는 것을 깨닫지 못하는 것이다. 자신의 능력을 의심하고 확신이 없을 때가 있다. 그래서 내가 아닌 타인에게서 그 답을 구하려 하기도 하고, 그들이 주는 답을 그대로 받아들이기도 한다.

사람들이 타로와 점을 보는 이유는 무엇일까?

　앞으로 일어날 일에 대한 수많은 걱정과 불안감으로 인해 점을 보는 것이 아닐까? 또한 앞으로 닥칠 일에 대해 실패하거나 잘 헤쳐나가리라는 확신이 없기에 점을 통해 궁금증에 대한 답을 얻어 안심과 확신을 가지기 위해서일 것이다. 하지만 점을 자주 보다 보면 매사의 일을 점에 의존하게 된다. 그들의 말에 휘둘릴 위험도 커질 수밖에 없어진다. 나도 처음 점을 볼 당시에는 사기당한 돈을 언제 받을 수 있는지 물어보기 위해 찾아갔다. 하지만 그 처음을 시작으로 내 인생에 결정할 일이 있을 때마다 찾게 되었다. 물어보고 해야 할 것만 같았다. 나의 힘이 아닌 조상님의 힘을 빌려 성공할 수 있다고 생각하게 된 것이다. 내 인생을 결정짓는 것은 자신이라는 것을 깨닫지 못했기에 점에 의존했던 것 같다.

　무슨 문제든 잘 헤쳐나갈 수 있는 능력이 있다는 것을 깨닫지 못해 점을 치는 보살님의 말만 믿고, 조상님들을 대접해드려야 하며 초라도 켜 앞길을 터야 한다고 생각한 것이다.

　실패의 과정들을 겪다 보니 굿을 해서 인생이 잘 풀리는 것이 아니라, 내가 어떤 자세로 인생을 살아가느냐에 따라 인생은 달라진다는 것을 깨닫게 되었다. 물론 굿이 필요한 분들도 계시다. 그렇지만 그 모든 것들을 결정짓는 결정권자인 나를 믿어보는 것은 어떨까?

　나의 선택을 믿고 최선을 다한다면, 결과가 어떻든 후회하지 않을 것이다. 자신의 노력으로 일군 결과라면 어떤 결과라도 보람찰 것이다.

좌절하고 방황할 때는 제대로 판단할 수 있는 판단력이 흐려져 나의 길을 찾을 수가 없다. 벼랑 끝에서 나를 믿기보다 외부에서 길을 찾고자 하기에 나의 시야가 가려져 앞을 제대로 볼 수 없게 된다. 나에 대한 믿음을 가지고 확신과 함께 의심이라는 틀에서 벗어나야만 진정한 나의 가치와 능력을 알게 되는 것이다. 의심을 확신으로 전환하기 위해서는 우리의 마음, 즉 나의 의식을 알아차리며 그때그때 올라오는 부정적인 감정들을 자연스럽게 흘려보내야 한다. 부정적인 감정들이 올라올 때마다 '부정적인 생각아 오늘도 올라왔구나! 내가 알아차렸으니 이제 가도 돼' 하며 그 감정들을 알아차리고 흘려 보내야 한다. 그러면 그러한 감정들이 사라지게 되며 긍정적인 사고들로 채워지게 된다. 생각이 비워진 상태가 되어야 내가 원하는 감정들이 들어올 틈이 생기는 것이다. 또한 부정적인 생각이 들 때마다 내가 행복했던 시간을 시각화하는 명상을 하는 것도 부정적인 생각을 없애는 데 도움이 된다.

자신의 감정에 휘둘리지 말며 인내심을 가지고 모든 면을 두루 볼 수 있는 관찰력과 이해력을 키우는 것도 중요하다. 외부가 아닌 내면의 목표일 때 자신의 믿음대로 되며 모든 변화는 내 생각과 감정에서 비롯된다는 것을 깨달아야 한다. 자신의 비전과 목표를 확실히 믿는 사람만이 성공이라는 삶이 실현되는 것이다. 또한 원하는 목표를 이룰 때까지 포기하지 않고 난관을 극복해나갈 용기도 필요하다. 또한 명확한 목표를 설정하여 나의 무한한 가능성을 믿고 내가 원하는 삶을 디테일하게 상상해야 한다. 이미 이루어낸 창조자의 입장에서 그 원하는 삶이 완성되어가는 과정을 즐기기만 하면 되는 것이다.

롭 무어(Rob Moore)는 저서 《확신》에서 "자기 가치와 능력에 대한 강한 믿음 즉 확신이 있는 사람은 자기비하에 쉽게 빠지지 않고 타인의 시선에 휘둘리지 않으며 함부로 꺾이지 않는 강력한 동기를 바탕으로 어떤 고난과 역경이 닥쳐도 쉽게 무너지지 않는다"라고 강조했다. 오프라 윈프리(Oprah Winfrey), 루이 파스퇴르(Louis Pasteur), 톰 크루즈(Tom Cruise), 조앤 롤링(Joan Rowling) 등 어려움을 극복하고 부와 성공을 성취한 많은 이들의 공통점 역시 '확신'이었다고 밝히고 있다.

진정한 자신의 가치를 깨닫고 자신을 믿을 때 자신 안에 내재해 있는 무한한 잠재력도 발휘할 수 있는 것이다. 또한 자신이 특별한 존재임을 확신할 때 불완전한 모든 것들도 특별하고 가치 있게 보이게 된다. 제일 중요한 것은 자신에 대한 믿음과 자기 확신 없이는 자신의 가치와 자존감 모든 것을 깨닫지 못하는 것이다. 자기 확신을 하기 위해서 우리는 여러 집착을 내려놓아야 한다. 욕심을 내려놓고 그 속에 자기 확신으로 가득 찬 미래

어떤 삶을 살든 자기 사랑만큼은 절대 양보하지 마라

에 대한 설렘을 채워야 한다. 설렘은 에너지를 한곳으로 집중하게 하는 힘이며, 동기를 불어넣어주는 힘이 된다. 우리는 살아가며 매 순간 선택의 기로에 서게 된다. 그 선택의 순간에서 제일 중심이 되어야 하는 것은 자신이다. 이 선택을 했을 때 '과연 나는 행복할 것인가?'를 가장 먼저 생각해야 한다. 그 누구의 삶도 아닌 온전히 내 인생을 살아가기 위해 나를 최우선으로 결정한다면 선택에 대해 미련이 남지는 않을 것이다

나폴레온 힐은《성공의 법칙》중에서 자기 확신, 즉 자신감의 개발은 옆에 가만히 앉아 "너는 할 수 없어. 너는 시작하는 걸 두려워하고 있어. 너는 남들의 이목이 두렵고, 실패할까 봐 두려워하고 있어. 그리고 능력이 없을까 봐 두려워하고 있어"라고 속삭이는 두려움이라는 악마를 제거하는 데서부터 시작되어야 한다고 이야기한다. 우리가 자기 확신해야 하는 이유는 이 두려움을 제거하기 위해서다. 두려움이 우리 마음속에 자리 잡게 된다면 아무 일도 해낼 수 없기에 두려움이 우리에게 속삭일 때마다 긍정확언으로 두려움을 극복해야 한다.

"나는 뭐든지 해낼 수 있어. 이번에도 성공할 수 있어. 나는 실패가 두렵지 않아. 행운은 항상 내 편이야."

이처럼 자기 확신은 두려움을 몰아내고 희망으로 채워주는 역할을 하기에 매사에 자기 확신을 갖는 것이 정말 중요한 것임을

알아야 한다. 우리는 살면서 두려움이란 감정과 싸워야 할 때가 많다. 가보지 않은 길에 대한 두려움, 새로운 환경에 적응해야 하는 두려움, 하지만 그 두려움은 우리 스스로가 충분히 극복할 수 있는 감정인 것이다. 또한 두려움이란 감정은 스스로가 만들어내는 감정이라는 것도 깨달아야 한다. 나도 이혼 후 현실을 부딪치며 두려움이란 감정과 싸워야했다. 내가 잘 해낼 수 있을까 하는 의심이 제일 많이 들었다. 스스로 확신이 없었기에 매사에 자신감 또한 없었던 것이다. 그러다 보니 내가 두려움을 만들어내며 결국 실패를 거듭한 것이었다. 자기 확신이 없이는 두려움과 의심만 가득하게 되는 것이다. 그러기에 자기 자신을 믿어주는 것이 무엇보다 더 중요하다. 내가 나를 믿어주지 않는다면 과연 누가 날 믿어줄 수 있을까? 소중한 내 인생 그 인생을 풀어나가는 자신을 믿고 이끌리는 대로 따라가 보자. 누구의 말에도 휘둘리지 말고 내 속에서 이끄는 대로 나간다면 두려움도 후회도 없을 것이다.

04___ 놓치고 싶지 않은 꿈에
기회를 줘라

모든 성취의 출발점은 꿈을 꾸는 것으로부터 시작된다.

_ 나폴레옹(NapoléonI)

고등학교 1학년 때 일이다. 일요일이라 동생과 교회에 갔었다. 예배를 보고 나니 분위기가 어수선했다. 친구들이 "저기 뒷산에 불나고 있대. 우리 구경하러 가자" 하고 말했다. 나는 친구들과 함께 불이 나고 있다는 곳으로 갔다. 그런데 점점 우리 집 방향으로 가는 것이었다. 그 당시 우리 집은 산밑에 자리 잡고 있었으며 집 뒤로는 산과 산이 연결되어 있었다. 산불은 우리 집과 뒷산까지 활활 타고 있었다. 그때 워낙 바람이 세게 불어 불씨가 날아다니는 것이 보였다. 망연자실이었다. 엄마와 아빠의 넋이 나간 모습을 멍하니 바라만 봤다. 소방헬기로 불을 끄고 있었지만 역부족이었다. 잊을 수가 없는 날이라, 아직 날짜까지 기억하고 있다. 1993년 4월 18일 일요일이었다. 우리 집은 안방 한 곳만 빼고 모두 불에 타고 아무것도 남지 않았다. 그때 부모님은 집 뒤로 울타리를 쳐서 닭과 개, 흑염소를 키우고 있었다. 불쌍하게 그 많던 가축들도 다 불에 타 죽었다. 그곳은 우리 부모님의 삶의 터전과도 같은 곳이었다. 하루아침에 모든 것을 잃게 된 것이었다.

그날 안방에 여섯 식구가 모여 잠을 잤다. 그 상황에서도 엄마는 하나님께 감사하다고 하셨다. 방 한 칸을 남겨두셔서 비바람을 피하고 집을 수리할 동안 기거할 곳이 있음에 감사하다는 것이었다. 아빠는 술로만 며칠을 보내신 기억이 난다. 엄마가 얼마나 힘드셨을지 지금도 생각하면 가슴이 아프다. 우리 형제들도 힘든 시기를 보낼 수밖에 없었다. 그 당시 우리 집은 무허가 주택이라 나라에서 보상도 크게 받지 못했다. 안 그래도 어려운 살림이었는데 우리는 더 어려워진 것이다. 오빠들이 고등학교 때 도시락을 밥이랑 고추장만 싸간 것이 아직도 머릿속에 맴돈다. 그 당시를 회상하니 눈물이 고인다.

다음 날 등교를 하니 벌써 포항 산불을 뉴스로 접한 학교 측에서 교과서며 교복이며 이것저것 챙겨주었다. 그런데 그 전날 하필 새 옷은 아껴둔 채 낡은 청바지에 흰 티를 입고간 것이다. 흰 티는 숯검정도 묻고 얼룩도 묻어 누더기처럼 보였다. 나 자신이 초라하고 부끄럽기만 했다. 같은 반 친구 한 명이 집이 시골이라 학교 근처에서 자취하고 있었다. 그 친구가 집수리하는 동안 자취방에서 같이 지내자고 했다. 호의를 베풀어준 친구가 정말 고맙기만 했다. 그 친구 집에서 거의 한 달을 보냈다. 그 친구는 시골에서 포항으로 유학을 온 것이라 정말 열심히 공부를 했다. 고등학교 첫 중간고사에서 그 친구는 반에서 2등을 했다. 그 친구에게는 꿈이 있었다. 시골에서 고생하시며 농사지으시는 부모님을 위해 대기업이나 은행에 취직해 효도하는 것이었다. 그 당시 포항에서는 그래도 동지여상이 최고였기에 반에서 상위권 애들은 대기업이나 은행 쪽으로 취직을 할 수 있었다.

그 친구와 달리 나는 집이 불난 것을 핑계로 공부를 하지 않았다. 그래서 중간고사 성적이 형편없었다. 그때 반 학생이 50명 정도였는데 반에서 35등을 한 것 같다. 담임선생님이 30등 밑으로는 이름을 부르며 앞으로 나오게 해 손바닥을 때리셨다. 그런데 나는 선생님이 그냥 "들어가" 그러시는 것이다. 나의 처지를 생각하신 듯하셨다. 나는 얼굴이 빨개지며 부끄러워 고개를 푹 숙인 채 자리로 돌아왔다. 나의 처지만 비관해 노력하지 않은 자신이 한없이 부끄럽기만 했다. 반에서 2등을 한 친구는 확고한 꿈이 있었고 그 꿈을 향해 노력하며 나아가고 있었다. 그런데 나는 그 당시 꿈조차 꾸지 않았고 어떠한 노력도 하지 않았다. 우리 집은 가난해서 나는 꿈을 이룰 수가 없다며 스스로 단정 지은 것이다.

고등학교 3학년이 되어 취업문제로 담임선생님과 면담을 하게 되었다. 선생님께서는 내게 꿈이 뭔지 물으셨다. 나는 "메이크업 아티스트입니다"라고 대답은 했다. 물론 메이크업아티스트가 되고 싶었고, 잡지도 보며 학원도 알아봤다. 하지만 우리 집 형편으로는 학원비를 대줄 수가 없었다. 그래서 나는 나의 꿈을 도전하지 않은 채 바로 취업을 나왔다. 취업해서도 나는 월급을 엄마한테 드리고 용돈을 받아 썼다. 엄마는 나의 월급을 생활비로 쓸 수밖에 없음을 미안하게 생각하셨다. 그렇게 나는 꿈 없는 성인이 된 것이다. 같이 입사한 동기가 있었는데 그 친구는 수능시험을 봐서 대학에 진학했다. 그 모습을 지켜보며 나는 그저 부러워만 했었다. 직장을 다니며 야간대학을 다닐 수도 있었는데, 나는 내 꿈을 펼치기 위해 어떠한 노력도 하지 않은 셈이다.

《가난하다고 꿈조차 가난할 수 없다》의 저자 김형근은 부산에서 태어나 19년간 부산을 떠나서 산 적이 없는 부산 토박이다. 그는 초등학교 5학년 때 우연히 홍정욱 씨의 《7막 7장》을 읽었고 자신도 미국 아이비리그로 유학을 하고 싶다는 바람을 가졌다. 그러나 IMF 영향으로 그 꿈은 실현 불가능해질 위기에 처한다. 증권회사에 다니던 아버지가 갑자기 직장을 잃는 바람에 어머니가 아버지를 대신해 가족의 생계를 책임지는 상황이 되어버렸기 때문이었다. 월수입이 60만 원도 채 안 되는 집안 형편으로는 도저히 유학은 생각할 수도 없었다. 하지만 그에게 기회가 왔다. 고등학교에 입학하는 해에 우리나라 최초의 영재학교인 '한국과학영재학교'가 새로 생겼던 것이다. 학교 홈페이지에 들어가 자료를 보던 그는 '학비가 거의 무료이고 외국유학도 지원해준다'는 조건을 보고 원서를 넣었다. 수학은 자신 있었으나 과학은 선행학습이 안 되어 같이 지원한 친구의 도움을 받아 철저히 준비했다. 우여곡절 끝에 그는 그 학교의 첫 입학생이 되었다.

한국과학영재학교는 다른 특목고와는 달리 학비가 저렴한 데다 커리큘럼과 교육시스템이 특별해서, 집안 형편상 사교육을 받을 수 없었던 그가 유학을 준비하는 데는 더없이 좋은 곳이었다. 그러나 중학교까지 줄곧 1등을 차지해왔던 그도 영재학교에서만큼은 자신이 공부를 잘하는 것이 아니라는 사실을 뼈저리게 느껴야만 했다. 과학 사고력 검사에서 60점 낙제점을 받은 데다, 첫 시험 결과 꼴찌그룹에 속했던 것이다. 그러나 그는 쉽게 꿈을 포기하지 않았고 도전하기로 했다. '학교 최고 노력파'라는 별명까지 얻으며, 공부와의 지독한 싸움을 벌였다. 그 결과 3년 내내 모두 A학점을 받아 수석 졸업이라는 영광을 차지했다.

2005년 4년간 2억 원을 지급하는 '삼성 이건희 해외 장학생'으로 선발되었고, 마침내 미국 최고의 명문 프린스턴대학교에 수시 특차로 합격하면서 그토록 염원하던 아이비리그 유학의 꿈을 이루게 되었다. 이처럼 확고한 꿈을 가지고 노력한다면 그 꿈은 반드시 바라는 결과를 보여준다. 지금 처한 환경을 비관한 채 꿈조차 꾸지 않으면 안 된다는 것이다.

　나는 '가난하기에 꿈을 갖는다는 것은 내게 사치일 뿐'이라며 꿈조차 꾸지 않았다. 그러니 꿈을 향한 피나는 노력도 해볼 수 없었던 것이다. 꿈에 대한 열정이 없음을 인정하지 않고 가난한 집안 형편을 핑계로만 삼았다. 그 나이대에 꿀 수 있는 꿈들이 있다. 하지만 나는 그런 꿈을 꾸는 것조차 시도하지 않은 것이었다. 대학을 다니며 꿈을 찾아가는 친구들을 부러워만 할 뿐 내가 꿀 수 있는 것들이 아니라며 한계 지어버렸다. 그러기에 꿈도 희망도 갖지 않게 된 것이다. 간절히 노력했다면 메이크업아티스트라는 꿈에 다가갈 수 있었을 것이다. 기회조차 주지 않았기에 꿈이 시들어버린 것이다. 꿈이 꼭 성공하지는 않는다. 하지만 그 과정에서 내가 노력한 것들에 대한 보상들이 있을 것이고 실패와 깨달음도 얻을 수 있는 것이다. 이런 경험들이 노하우로 쌓여 더 큰 꿈을 꿀 수 있게 해준다. 하지만 이런 꿈에 기회조차 주지 않는다면 아무 일도 일어나지 않는다. 사과나무 아래 누워 사과가 떨어지기만을 기다리는 것과 같다.

　요즘 아이들을 보면 자신이 이루고 싶은 꿈보다는 부모님이 심어주신 꿈, 사회가 심어주는 꿈, 또는 연예인들이 심어주는 꿈을 꾸는 아이들이 많이 있다. 무조건 좋은 대학을 나와야 하며, 대기업에 취직해야 한다는 강박관념 속에 살고 있는지도 모른

어떤 삶을 살든 자기 사랑만큼은 절대 양보하지 마라

다. 좋은 대학을 나오고 대기업에 취직하는 것보다 본인이 진정으로 하고 싶은 것이 무엇인지를 깨닫게 해주는 것이 더 필요할 것이다. 이루고자 하는 꿈이 있다면 간절한 마음으로 도전해보자. 지금의 상황만 생각한 채 꿈들을 포기하는 순간 다시는 그 꿈을 꿀 수가 없게 된다. 그러기에 이루고자 하는 꿈들에 기회를 주어야 한다. 내가 지금 간절히 원하는 꿈이 무엇인지를 아는 것이 제일 중요하다. 비록 그 꿈이 실패로 이어질지라도 두려워하지 말고 무조건 도전해보자. 우리 인생은 이런 도전들이 모여 인생이라는 드라마를 만들어내는 것이기에 꿈을 향한 간절한 마음으로 도전하며 인생을 만들어나가보자.

05___
꿈은 간절해야만
이루어진다

오랫동안 꿈을 그리는 사람은 마침내 그 꿈을 닮아간다.

_ 앙드레 말로(Andre Malraux)

《아름다운 도전》의 저자 폴 마이어(Paul Meyer)는 위대한 성
공을 부르는 5가지 법칙에 대해서 이런 질문을 던진다.

1. 목적에 대한 생각을 구체화했는가?
2. 구체화한 목적을 달성할 계획과 시한을 정했는가?
3. 그것을 향한 불타는 열망이 있는가?
4. 성공하기 위한 자신의 능력을 믿는가?
5. 환경과 비판에 구애받지 않고 이 일을 하는 데 필요한 것
   이면 어떤 대가라도 치르겠다는 강철 같은 각오가 섰는가?

어떤 삶을 살든 자기 사랑만큼은 절대 양보하지 마라

나는 이혼 후 홀로서기 과정에서 두 차례나 실패를 겪었다. 그러기에 과연 성공하기 위해 어떤 노력을 했는지 자신에게 되물어보게 되었다. 가장 큰 문제점은 마음가짐이었다. 그 당시 나는 간절한 마음과 열망 대신 현실에서 도피하기에만 급급했었다. 사기당한 돈만 받으면 다 해결된다는 생각밖에 없었다. 스스로 목표를 세워 그것을 달성할 계획도 열망도 갖지 않았다. 사기당한 돈만 받으면 내가 누렸던 행복들은 다시 찾을 수 있을 거란 허황한 생각에만 빠져 있었다. 그러기에 내게는 어떠한 꿈도 목적도 열망도 없었던 것이다.

나는 시골에서 장사할 때 배달을 다니며 할머니들께서 마당에서 요리하시는 모습을 보곤 했었다.

"할머니 지금 뭐 끓이시는 거예요?"
"김장하려고 양념 만들 육수 끓이지."

궁금해서 뭐 넣으셨는지 여쭤보면 아주 자세하게 설명해주셨다.
"황태대가리, 건새우, 다시마랑 집에 있는 채소 넣고 푹 끓이면 돼."

할머니께서 하시던 방법대로 육수를 끓여 김장 양념을 만들어보니 감칠맛도 있으면서 입에 짝 붙는 양념장이 만들어졌다.

그렇게 만들어진 김장 양념으로 김치를 담가보니 김치가 시원하면서 맛있었다. 그때 내 나이가 26세였다. 어린 나이지만 김치도 담가보고 한 것이다. 또 어떤 날은 가보면 동치미를 담그고 계셨다. 자세히 보니 큰 항아리 바닥에 황태 한 마리를 깔고 무를 소금에 굴려서 넣고 뚜껑을 덮으시는 것이었다. 할머니께 왜 이렇게 하시냐고 여쭤보니, 이래야지 무에서 단맛이 빠져나와 숙성시킬수록 동치미가 사이다처럼 톡 쏘고 맛있다는 것이었다. 나는 집에서 김장도 그렇게 해보고 동치미도 담가보고 백김치도 담가보면서 나름의 양념 방법을 찾았다. 그러면서 내가 음식 만드는 데 소질이 있다는 것을 알게 되었다. 요리연구가가 되고 싶어 쿠킹클래스를 다니며 새로운 스타일의 요리로 구미에서 이름을 날려보고 싶다는 꿈도 꾸었다. 요리학원을 등록하며 자격증부터 취득하기 위해 계획을 세우던 중 사기와 이혼을 겪은 것이었다.

내가 포장마차를 하고 있을 때 자주 오던 친구들이 있었다. 그 친구 중 하나는 식품회사 R&D 출신에 주방장 경력도 있었다. 그 친구들이 가게 놀러 오면 그 친구는 내가 담근 김치를 참 맛있게 먹으며 내게 칭찬도 해주곤 했다.

"현희야, 너 음식 좀 한데이."

나는 그때 포장마차임에도 불구하고 기본반찬으로 백김치, 열무김치를 내놨다.

"아니 술을 팔아야지, 밥반찬을 주니까 밥을 먹게 되잖아요.

어떤 삶을 살든 자기 사랑만큼은 절대 양보하지 마라

배불러서 술을 어떻게 마셔요?" 손님들은 내게 투정 아닌 투정
으로 말씀하시곤 했었다.

어느 날 친구가 내게 심각하게 이야기하는 것이었다.

"내가 이번에 아는 동생 소개로 수원에 있는 푸드회사에 주방
장으로 가는데 내 밑에서 요리하는 법 좀 배우는 게 어떻겠노?
적자인 가게 붙들고 있어봤자 희망이 안 보인다 아이가? 이번에
그 푸드회사 대표가 김치 잘 담그는 찬모를 구한다길래 네 생각
나서 추천했다. 아마 방도 얻어줄 것 같다. 너도 이제 혼자 벌어
먹고살려면 뭐라도 배워놔야 할 거 아이가?"

그때 당시 현상 유지도 힘든 상황인지라 그의 제안을 흔쾌히
받아들여 면접을 보러 갔다.

수원에 4층짜리 제법 큰 건물에 건물주는 회장님이셨고 사모
님이 푸드회사 대표님이셨다.

"아니 너무 젊으신데, 김치는 담그실 줄 아세요?"

대표님은 나를 보며 그러시는 것이었다.

"직접 담가서 보여드리겠습니다."

나는 자신 있게 대답했다. 그래서 다음 주에 다시 음식 테스
트를 받기로 했다. 백김치는 미리 담가 익혀서 가져가고 나머지
음식들은 현장에서 직접 만들어 테스트를 받았다. 다행히 대표
님, 회장님, 전무님들 모든 분이 만족해하셨다. 거기 푸드회사에
는 일식, 일본라멘, 한우집 3곳을 운영하고 있었다. 한우집이 주
방장과 찬모를 급하게 구해야 하는 상황이라 친구와 나는 바로

수원으로 올라왔어야 했다. 포장마차를 부랴부랴 폐업 처리하고, 급하게 수원으로 올라왔다.

출근해서 서툴렀지만, 친구가 가르치는 대로 잘 따라 했다. 또한 사회생활이다 보니 친구가 아닌 직장상사로서 예의도 갖추며 열심히 배워나갔다. 그 친구는 날 엄하게 가르칠 수밖에 없었다. 요식업 경험도 없는데다가 이곳에서 살아남으려면 스킬이 필요했기 때문이다. 나는 처음에는 두려웠다. '한 달에 매출이 1억 원인 매장에서 내가 잘 해낼 수 있을까? 내 몫을 잘 해낼까?' 두려움이 있었지만, 이미 두 번의 실패를 한 터라 나에게 남은 건 절박함과 간절함밖에는 없었다. 이곳이 아니면 안 된다는 각오로 열심히 친구에게 배웠고, 시골 할머니들에게 배운 대로 집 반찬처럼 찬을 만들었다. 조미료도 잘 쓸 줄 몰랐기에 친구가 소스에 조미료를 넣는 것을 보고 깜짝 놀랐던 기억이 있다. 조미료를 많이 쓰지 않고 집에서 하듯이 한 반찬들이 손님들에게 반응이 좋아 대표님께서 따로 부르셔서 칭찬해주셨다. 그때의 기분은 뭐라 표현할 수가 없었다. 내가 가졌던 두려움들이 한순간에 다 사라지는 듯했다. 뜻밖의 곳에서 인정을 받으며 나도 잘 해낼 수 있다는 자신감마저 생겼다.

그 친구는 3개월쯤 하다가 대표님과 맞지 않아 그만둘 계획이라고 내게 이야기했다.
"현희야. 나는 대표님과 안 맞아서 더 못하겠다. 나는 구미로

어떤 삶을 살든 자기 사랑만큼은 절대 양보하지 마라

내려 갈란다. 니는 여기 계속 있어라. 숙소 제공해주고 연봉도 나쁘지 않으니까, 알았재?"

나는 그 친구가 그렇게 빨리 구미로 내려갈 줄 몰랐다. 나는 이곳 아니면 갈 곳이 없던 터라 끝까지 남아 최선을 다할 수밖에 없었다. 수원에는 아무 연고도 없는데 친구마저 내려간다니 심적으로 힘들었다. 그래도 가게에서 같이 일하던 애들이 "누나, 누나" 하며 살갑게 잘 따라줬기에 견딜 수 있었다. 이곳에서도 실패한다면 정말 절망만 남을 것 같았다. 그렇기에 나는 입을 꽉 문 채 버텨내야 했다.

그다음 해 연초 시무식 때 회사 본사에서 우수사원을 뽑아 시상해주는 시상식이 있었다. 대표님의 추천으로 내가 장려상을 받게 되었다. 너무 기뻤다. 베테랑 직원들도 많은데 요식업 경험도 없고 입사한 지 몇 개월도 안 된 내가 상을 받을 거라고는 상상도 못했기 때문이다. 서울에 있는 회사 본사도 구경하며 회사의 모태가 된 곳이 어떤 곳인지도 견학할 수 있는 뜻깊은 시간이었다. 또한 단순히 식당에서 일하는 것이 아니라 회사에 소속되어 회사발전에 이바지한 직원이라는 뿌듯함도 가지는 계기가 되었다. 또한 나의 간절함과 성실함이 통해 성공적인 결실을 본 것 같은 기분이었다. 내게는 다른 돌파구는 없었다. 아무 연고도 없는 곳이지만 이곳에서 성공해 인정받아야 한다는 강한 의지만 있었다.

컬럼비아 대학교 인문학 교수로 재직하고 있는 피터 템즈(Peter Temes)는 저서《목적의 힘》에서 "게임은 운동장, 뒤뜰, 사무실, 교실, 식당 등 어디에서나 일어난다. 그러나 승리가 이루어지는 곳은 단 한 곳뿐이다. 바로 승자의 마음속이다"라고 했다.

내가 어떤 마음을 갖느냐에 따라 상황들은 변할 수밖에 없는 것이다. 우리가 겪는 상황들은 스스로 잘 헤쳐나갈 수가 있다. 하지만 그 상황들을 회피하며 간절한 마음을 갖지 않는다면 그곳에서 승리를 맛보기는 힘들 것이다. 남들이 보기에는 대단하지 않을 수도 있다. 그깟 상 받은 것이 무슨 성공이냐고 말이다. 하지만 나로서는 정말 값진 상이며 나 스스로가 용기를 가질 수 있는 계기가 되었다. 누구나 꿈을 이루고자 하는 간절한 마음으로 최선을 다한다면 보상으로 오는 승리의 기쁨을 맛볼 수 있을 것이다. 남들이 보기에는 하찮을 수 있지만, 노력해서 얻은 결과이기에 자신에게는 더 없이 값진 것이다.

어떤 삶을 살든 자기 사랑만큼은 절대 양보하지 마라

06___ 모든 미래는
지금의 나에게서 시작된다

미래는 멀리 보이지만 지금 시작된다.

_ 매티 스테파넥(Matthew Stepanek)

　미국의 꼬마 시인으로 유명한 매티 스테파넥은 14세 어린 나이에 근육성 이영양증으로 사망했다. 그는 3세부터 시를 쓰기 시작했으며 그가 남긴 명언 중 하나가 "미래는 멀리 보이지만 지금 시작된다"다. 그가 남긴 명언과 같이 미래는 멀리 보이지만 그 출발은 지금의 나로부터 시작된다는 뜻이다. 우리는 종종 미래에 대해 불안해하고 걱정 속에서 살아간다. 하지만 모든 미래는 지금의 나에게서 출발하는 것이기에 어떤 방향으로 돌리느냐에 따라 미래는 달라질 수밖에 없다. 곧 지금의 내가 어떤 선택을 하며 어떤 노력을 기울이는지에 따라 나의 미래의 청사진은 달라질 수밖에 없는 것이다.

2018년부터 나는 수원에서 홀로서기를 시작했다. 같이 온 친구는 3개월 만에 구미로 내려가버리고 혼자 남겨졌지만 해내야만 했다. 다른 돌파구가 없었기에 죽을 각오로 그곳에서 근무했다. 꼭 이곳에서 성공하리라는 열정으로 꽉 차 있었다. 처음부터 매장에서 근무하지 않고 CK실이라는 곳에서 근무했다. 그곳에서 혼자 불고기소스도 만들고 된장베이스도 끓이며 매장에서 장사를 할 수 있게 모든 작업을 해주었다. 겨울이 되니 천장에 달린 환풍기들 때문에 너무 추웠다. 지금 생각해보면 대형 솥에 물을 끓이면서 작업하면 되었을 텐데, 그때는 낭비라 생각되어 추워도 그냥 참고 일했었다. 또 혼자 작업을 하다 보니 외로울 때도 있지만 작업량을 다 마무리하다 보면 시간이 어떻게 흘렀는지도 모른 채 일에만 집중했다. 매장 마감 시간이 되면 매장 근무자들이 내려와 음식물쓰레기를 버려주곤 했는데, 어느 날은 아무도 내려오지 않는 것이었다. 그래서 매장에 올라가 보니 다 퇴근하고 없었다. 어쩔 수 없이 나는 무거운 음식물쓰레기통을 끌고 가 혼자 버려야 했다. 힘든 환경이었지만 나는 꿋꿋하게 내가 맡은 일에 최선을 다했다.

  요즘 매장에서 김장을 해 손님상에 내는 곳은 많지 않다. 그것도 국산 고춧가루로 담근 김장김치는 보기 드물다. 회사 대표님께서는 김장에 대한 욕심이 많으셨다. 그래서 기획실장님에게 김장기획안을 짜오라 하시며 하나부터 열까지 꼼꼼하게 체크하셨다. 또한 불우이웃돕기로 김장김치 50포기와 생필품도 기부

어떤 삶을 살든 자기 사랑만큼은 절대 양보하지 마라

하고 싶어하셨다. 버신 만큼 베풀고 싶어하는 분이셨다. 또한 가게에 방문하시는 손님들에게 직접 담근 김치를 제공하고 싶어하셨다. 그러기에 이 회사는 내가 입사한 해부터 김장을 본격적으로 하게 되었다.

김장하는 날을 광고하는 현수막을 건물 곳곳에 붙이며 김장 행사를 진행하게 되었다. 한우매장 앞에 매대를 설치해 시식 코너를 마련하고 즉석에서 김치 판매도 했다. 그날 매장을 방문하시는 손님께는 굴보쌈김치를 서비스로 제공했다. 대표님께서는 김장김치를 지인들께 선물도 하시고 판매도 하셨다. 그해 김장을 500포기는 한 것 같다. 이렇게 많은 양을 하긴 태어나 처음이었다. 불우이웃돕기, 대표님 지인 선물, 또 현장판매 등에 쓰일 김치들을 내가 만들어야했다. '맛 없으면 어떡하지?' 하는 부담감이 제일 컸다. 그날 파출이모들을 부르고 매장에서 근무하는 직원들까지 총동원되어 김장김치 500포기 담기가 진행되었다.

3일 전부터 대형 솥에 갖은 재료를 넣고 5시간 이상 김치 양념에 쓰일 육수를 끓였다. 내가 하는 방식은 육수가 핵심이었다. 찹쌀죽을 끓이다 밑에 눌어붙어 태우지 않기 위해 팔이 아파도 계속 저어주며 정성을 기울였다. 준비과정에서 실수를 하게 되면 안 되기에 온 신경이 곤두서 있었다. 배를 갈고 김칫소 채소들을 다듬는 등 일이 한두 가지가 아니었다. 또한 절임배추 500포기 물 빼는 작업도 만만치 않은 작업이었다. 일일이 밑동을 잘라내고 반으로 잘라 소쿠리에 차곡차곡 쌓다 보면 한쪽은 무너져 다시 쌓곤 했다. 또한 빈 상자와 비닐포장지 처리도 보통 일이 아니었다.

나는 큰일에 대한 두려움은 좀 없는 것 같다. 한 번도 그렇게 많은 양을 해본 적이 없었지만, 일을 척척 진행해나간 걸 보면 이런저런 시련을 겪으며 스스로가 많이 단단해진 것 같다.

그날 현장에서도 반응이 좋았다. 매장이 건물 입구에 있어서, 시식하시고 구매해가시는 분이 많으셨다. 대표님께서 오후에 매장으로 오셔서 직접 맛을 보시며 나를 부르셨다.

간도 딱 맞고 너무 맛있다는 것이었다. 나는 3일 동안 김장 준비하느라 힘들었지만, 대표님 칭찬 한마디에 피로가 싹 풀리는 듯했다.

김장이 끝난 다음 날부터 난리가 났다. 김치 구매하신 대표님 지인들께서 "김치 너무 맛있다", "완전 인생 김치다" 하며 찬사가 이어졌다. 대표님께서도 기분이 좋으셔서 나를 따로 부르시더니 고생 많았다며 마사지라도 받으라며 봉투를 건네셨다. 고생한 보람이 있었다. 인정해주시며 칭찬까지 아끼시지 않으셔서 정말 감사했다. 그 해를 시작으로 해마다 김장철만 되면 김장을 하는 행사가 진행되었다. 심지어 내가 퇴사하고 없을 때도 11월이면 김장 좀 해줄 수 있냐고 연락이 온다. 내게도 김장 행사는 뜻깊은 일이었기에 기꺼이 해드리곤 했다.

김장김치를 담근 날 이후로 나의 입지가 넓어졌다. 찬모였지만 이사님도 기획실장님도 나에게 예우를 해주셨다. 대표님께서도 날 아끼시는 것이 눈으로 보였다. 또한 대표님께서는 나의 재능을 알아보시고 적극적으로 활용하셨다. 내가 찬으로 낸 명태식해가 손님들에게 반응이 좋아 아예 매장에서 명태식해를 진열하며 판매하기 시작한 것이다. 일부러 명태식해만 구매하러 오시는 손님도 계셨다. 명태식해는 고기와 먹었을 때 고기의 느끼한 맛을 잡아주기에 궁합이 잘 맞다. 그래서 우리 회사에서는 명절이나 어버이날 선물세트(한우, 양념갈비. 김치, 명태식해)를 구성해 판매했다. 추석에는 갓김치를 구성으로 넣기도 했다.

여름철에 담근 열무김치가 반응이 좋아 매장판매, 택배판매를 하기도 했었다. 열무를 한 번에 200단씩 담그다보니 쉬운 작업이 아니었다. 또 숙성이 너무 될까 봐, 아니면 너무 안 익어서 갈까 봐, 신경 써야 할 부분이 많았다. 그렇게 해가 갈수록 나는 회사에서 인정을 받으며 매출에도 이바지하는 직원이 되었다. 나는 이 회사에 입사한 지 2년 만에 찬모에서 과장이라는 초고속 승진을 하게 되었다. 비록 작은 푸드회사이기는 하지만 나의 노력을 인정받아 받은 직함이기에 엄청나게 큰 기쁨이었다. 나는 요리사라는 꿈을 향해, 성공을 향해, 한발 한발 내딛고 있었던 것이다. 혼자 힘으로도 충분히 성공할 수 있다고 생각하니 지금의 힘듦은 아무것도 아니었다. 미래의 성공한 내 모습을 상상할 때에는 절로 입가에 미소가 지어졌다.

미래가 어떻게 될지는 누구도 확신할 수는 없다. 그렇지만 우리가 미래를 위해 지금 어떻게 해야 할지를 생각하며 그 꿈을 위해 노력할 수는 있다. 내가 원하는 미래를 만들기 위해 그 꿈을 위해 지금 어떠한 노력을 기울여야 할까?

첫째, 명확한 목표를 설정하고 그 목표달성을 위한 계획을 세워야 한다. 뚜렷한 목표와 계획이 있어야만 우리는 매일 그 목표를 향해 한 걸음 한 걸음씩 나아갈 수 있게 된다.

둘째, 성실함과 자기 긍정적 사고가 있어야 한다. 긍정적인 사고가 건강한 육체와 건강한 정신을 만들기에 매사를 긍정적으로 바라보는 시선이 필요하다.

셋째, 자신만의 자신감과 열정이 필요하다. 현대 성공학의 대가이며 자기계발서의 창시자 나폴레옹 힐은 "자신감이 있는 사람은 산도 옮길 수 있다. 자신이 성공할 것이라 믿는 순간 당신은 이미 성공의 첫발을 내디딘 것이다"라고 말했다. 즉, 자신감은 성공의 키워드인 것이기에 자신감이 만들지 못하는 기적은 없는 것이다.

넷째, 끊임없이 시도할 수 있는 용기가 필요하다. 세상을 살아가며 겪는 실패를 두려워하지 않는 사람은 없다. 하지만 실패가 두려워 시도조차 하지 않는다면 성공이라는 기회는 주어지지 않는다. 그러기에 우리는 실패해도 끊임없이 도전할 수 있는 용기가 필요한 것이다.

다섯째, 과거의 실패에 집착하지 말고 미래의 성공해 있는 내

어떤 삶을 살든 자기 사랑만큼은 절대 양보하지 마라

모습을 매일 꿈꾸며 상상해야 한다. 날마다 그렇게 살아간다면 어떤 과정을 겪더라도 또는 시간이 걸리더라도 반드시 내가 꿈꾼 미래의 모습을 만날 수 있을 것이다.

우리의 미래는 현재인 내가 창조한 것들로 펼쳐지기에 지금 현재 내가 어떤 태도로 매사를 살아가고 있는지 확인할 필요가 있다. 하루에도 수십 번 하는 생각들이 현실로 창조되어 눈앞에 나타나는 것이다. 내가 부정적인 생각들로 꽉 차 있다면 부정적인 현실이 내 앞에 가득 펼쳐지게 된다. 또한 그 현실은 내가 만든 것이기에 내가 책임져야 한다. 지금 현재의 내 위치가 마음에 들지 않는가? 지금의 현실은 그 누구도 아닌 본인이 만든 것이다. 그러기에 우리는 지금 이 순간 가지는 생각들이 얼마나 중요한지를 깨달아야 한다. 지금 내 상황이 최악일지라도 긍정적인 사고와 생각들로 다시 시작한다면 미래는 분명히 달라질 것이다. 새로운 미래로의 출발은 지금의 나에서부터 시작인 것이다. 현재를 살아가는 자신이 미래를 향해 얼마만큼 노력하고 나가냐에 따라 우리가 생각하는 미래는 달라지게 된다.

2장

내가 걸어온 모든 길에는 이유가 있다

01___

인생에
변명하지 마라

시골에서 자녀를 키우다 보면 제일 신경 쓰이는 것이 교육적인 부분일 것이다. 우리는 시골에서 장사했기에 그분들의 눈치를 안 볼 수가 없었다. 다 고객이셨기에 그들의 삶과 어느 부분 맞춰야 하는 것들도 있었다. 아들이 초등학교 입학할 당시 한 학년이 채 10명이 되지 않았다. 학원을 보내기 위해서는 읍내까지 태워주고 데려와야만 했었다. 시내에 집을 얻어 내가 출퇴근하며 아들을 교육하고 싶었지만, 시골 분들의 눈치가 보여 그렇게 할 수가 없었다. 결국 우리는 포항에 아파트를 사 그곳에서 오빠네가 생활하며 아들을 좀 키워달라고 부탁했다. 집이 없어 월세를 살고 있던 오빠네는 우리의 제안을 내심 좋아하는 것 같았다. 또 조카들이 아들이랑 비슷한 또래라 같이 어울리며 크면 좋을 듯도 했다. 아파트도 초등학교 바로 앞에 있는 곳에 얻어주었다.

아들이 초등학교 3학년 올라길 때 포항으로 전학시켰다. 우리는 우리가 바쁘다는 핑계로 아들의 입장은 생각하지 않았다. 아니 외면했을 수도 있다. 아빠의 강경한 태도로 어린 아들은 하라는 대로 할 수밖에 없었을지도 모른다.

"야. 니는 복 받은 거야. 시골에서 공부하고 싶어도 여건이 안 되는데, 니는 우리가 여건을 만들어주잖아. 평일에는 포항에서 학교 다니고 주말에는 집에 오면 되잖아? 아빠도 6학년 때 대구 형네 집에서 학교 다녔어. 다 그렇게 크는 거야."

아들은 아빠의 성화에 못 이겨 끌려가듯 포항으로 전학하게 되었다. 데려다주고 오는 나는 눈물이 날 수밖에 없었다. 이게 잘하는 선택인지, 진정 아들을 위하는 건지 생각이 꼬리를 물었지만, 이미 다 결정된 일이기에 받아들일 수밖에 없었다. 아들은 엄마와 성격이 너무 다른 외숙모 때문에 힘들어했다. 올케는 무뚝뚝한 편에 사랑 표현도 잘 못하는 성격이었다. 아들은 낯선 환경에 적응해야 했으며 친구들도 새로 사귀어야 했다. 왜 자기는 부모님과 같이 살지 못하며 낯선 환경에서 새로 시작해야 하는지 어린 나이에 부모가 야속하기만 했는지도 모른다.

금요일이면 포항에서 아들을 데려와 같이 있다가 일요일에 다시 포항으로 데려다주는데 아들과 나는 눈물의 이별을 해야만 했다.

어떤 삶을 살든 자기 사랑만큼은 절대 양보하지 마라

"엄마. 나는 왜 부모님과 떨어져 살아야 해? 왜 나는 이렇게 살아야 해?"

아들이 울면서 이야기했지만, 나로선 딱히 방법이 없었다. 우리가 구입한 아파트에 집이 없던 오빠네를 기거할 수 있게 해준 터라 되돌리기에는 너무 늦은 감이 있었다. 아들이 이렇게 힘들어할지 몰랐던 거다. 아들이 힘들어하는 걸 남편에게 이야기하면 내가 너무 감싸고 돌아서 애가 그러는 거라며 나를 도리어 혼냈다.

장사가 바쁜 철에는 아들을 격주로 한 번씩 보러 가야 했다.

"엄마, 나 배가 너무 아파."

보러 못 가는 주 일요일에 아들에게서 전화가 왔다. 아빤 아들이 꾀병 부리는 거라며 또 나를 혼냈다. 올케에게서 전화가 왔다. 규연이가 많이 아픈 것 같아 병원에 데려가본다는 것이었다. 나는 포항으로 급히 갔다.

맹장염이었다. 어린 것이 말도 못 하고 아픈 걸 참고 있었다고 생각하니 너무 미안해 눈물이 쏟아졌다. 아들은 씩씩하게 수술도 잘 받고 힘든 회복 기간도 잘 견뎌냈다. 아들이 어느덧 성장해 있는 모습을 보니 대견스럽기도 했지만, 가슴은 짠해 왔다.

아들이 6학년 올라갔을 때다. 담임선생님께 전화가 왔다.

"규연이 어머니. 시간 되실 때 면담을 좀 했으면 합니다."

선생님과 약속을 잡고 학교로 찾아가 담임선생님을 뵙고 인사를 드렸다.

"규연이가 첫날부터 창밖만 바라보고 수업 시간에도 책상에 엎드려 있을 때가 많아 눈여겨보고 있었습니다. 부모님이 다 계시는데 왜 애가 어두울까, 이상하게 생각하며 규연이와 이야기를 나눠보니 부모님과 떨어져 외삼촌네에서 학교에 다닌다는 걸 알게 됐어요. 규연이 어머님. 교육도 중요하지만, 자치 잘못하면 아들이 잘못된 길로 빠질 수도 있습니다. 애들은 부모의 사랑을 먹고 자라는 겁니다."

나는 선생님 말씀에 한쪽 명치끝이 아파왔다. 대답도 못한 채 눈물만 흘렸다. 담임선생님이 정말 고맙기만 했다. 너무 큰 걸 알려주신 것이다. 어쩌면 아들을 우리 바쁘다는 핑계로 내버려둔 것일 수도 있다. 부모의 욕심에 아들은 혼자 그 상처들을 다 참아내고 아픔들을 삼켜야 했는지도 모른다.

집으로 돌아온 나는 남편에게 선생님과의 상담 내용을 이야기하며 시골로 아들을 다시 데려오자고 했다. 남편은 불같이 화를 냈다. 지금 데려오면 죽도 밥도 안 된다는 것이다. 내가 애를 끼고돌아 애가 강하게 못 크고 저러는 것이라며 화만 냈다. 말이 통하지 않았다. 아들의 입장에서 생각해주길 바랐는데, 아들의 장래를 위해선 어쩔 수 없는 선택이었다고 했다.

아들의 증상은 심해졌다. 학교 간다며 집에서 나와선 아파트 지하 주차장으로 내려가 안경테도 다 부러뜨리며 울고 있었다.

어떤 삶을 살든 자기 사랑만큼은 절대 양보하지 마라

학교에서 전화가 와 전화를 해보니 울면서 전화를 받았다. 나는 덜컥 겁이 났다. 이러다 사랑하는 아들을 잃을 수도 있겠다 싶었다. 나는 남편에게 강하게 나갈 수밖에 없었다.

"우리 이혼하자. 나는 아들하고 살 테니 당신 혼자 잘 먹고 잘 살아라."

몇 번의 싸움 끝에 남편은 결국 백기를 들었다. 아들을 구미로 데려오기로 했다. 구미에 살 아파트를 얻고 내가 출퇴근하기로 한 것이다.

아들에게 4년의 세월은 부모의 이기심으로 인해 상처받는 시간이었을 것이다. 자기 결정권은 주지 않은 채 독단적으로 행동한 부모에게 반항심만 키우게 했는지도 모른다. 한참 밝아야 할 나이에 세상을 바라보는 관점을 어둡게 만들었을 수도 있다. 아이들은 부모의 사랑을 먹고 자란다는 담임 선생님의 말씀이 가슴에 꽂힌다.

《얘들아, 너희가 나쁜 게 아니야》의 저자 미즈타니 오사무(み ずたにおさむ)는 교사 생활 21년을 하면서 꼭 한 가지 자랑스럽게 내세울 것이 있다면, 한 번도 학생을 야단치거나 때린 점이 없다는 것이다. 그가 학생들을 절대 야단치지 않는 것은 아이들은 모두 '꽃을 피우는 씨앗'이라 생각하기 때문이라고 했다. 어떤 꽃씨라도 심는 사람이 제대로 심고, 시간을 들여 정성스레 가꾸면 반드시 아름다운 꽃으로 피어난다. 아이들도 마찬가지다.

아이들을 아끼고 사랑하며, 정성껏 돌본다면 아이들은 반드시 아름다운 꽃을 피운다고 말하고 있다.

　우리는 아들을 내버려둔 것이다. 사랑으로 보살펴 제대로 씨앗이 내릴 수 있게 돌보지 않은 것이다. 어른들의 현실을 아들에게 그냥 받아들이라고 막무가내식의 사랑을 주었다. 제대로 된 사랑으로 씨앗이 잘 발아될 수 있게 정성을 다해 보살피고 또 보살펴야 했다.

　아들아!
　상처 줘서 미안해.
　혼자 비, 바람을 다 맞게 해서 미안해.
　사랑하는 아들아!
　그런데도 대견스럽게 자라있는 널 보면
　한없이 미안해지지만,
　또 가슴 한편에는 감사한 마음이 더 크단다.
　잘 자라줘서 고마워!
　비, 바람 속에서 잘 견뎌줘서 고마워!

　이제는 아들에게 변명하지 않는다. 사랑으로 돌보지 못한 우리의 잘못이 더 크다. 우리의 이기심으로 상처받은 건 오롯이 아들 혼자 감당해야 할 몫이었다. 미안하고, 또 미안하다.

02___

실패와 좌절을
하고 나서야 깨닫는 것들

실패는 성공으로 한 발짝 더 내딛는 과정이다.

_ 매리 케이 애쉬(Mary Kay Ash)

아들이 중학교로 올라가면서 구미에 아파트를 얻어 나는 출퇴근을 하게 되었다. 남편은 장사 때문에 주말에만 구미로 왔다. 나는 23세에 결혼해 집 앞은 농협, 집 뒤는 논밭인 곳에서 삼시 세끼를 다 챙겨줘야 하는 생활을 하다가 구미로 출퇴근을 하게 되니 해방되는 느낌이었다. 처음에는 아파트를 전세로 얻었는데 2년 사이 아파트 시세가 많이 올랐다. 이사하는 것도 힘들고 해서 그냥 전세 만기 때 아파트를 사기로 했다. "같이 고생해서 모은 돈이니, 니 앞으로 뭔가 있어야 보람 있지" 하며 남편은 명의를 내 앞으로 해주었다. 장사를 10년 이상 하게 되니 돈이 모였다. 나는 난생처음 내 명의로 된 부동산을 갖게 되었다.

아들이 고등학교를 올라가게 되니 크게 뒷바라지를 할 것이 없었다. 그래서 사우나에서 친해진 언니와 동호회를 나가게 되었다. 매일 시골에서 시골 분들만 상대하다가 내 또래 언니, 오빠들과 모임을 하니 신세계가 따로 없었다. 아들이 야간 자율학습을 마치고 오기 전까지 같이 밥도 먹고 술도 마시며 나는 그렇게 시간을 보냈다. 그러다 구미에 바비큐 체인사업을 하기 위해 미국에서 이민 생활을 하다 온 사람을 알게 되었다. 그 가게는 150평 규모로 바비큐 집을 오픈하기 위해 공사가 한창이었다. 구미를 본점으로 해 전국에 체인망이 구축되면 대기업이나 중국에 팔 거라는 계획을 세우고 있었다. 그래서 자주 어울리던 언니 오빠들과 그 가게에서 일주일에 두세 번은 모임을 했었다. 하지만 공사가 순조롭지 못하고 지연되는 것이 보였다.

어느 날 그 오빠는 내게 1억 원을 빌려줄 수 없겠냐는 것이었다. 가게 보증금으로 1억 원이 들어가 있는 상태이며 자기는 미국 자산이 600억 원 정도 된다고 이야기했다. 현재 부인과 이혼 소송 중이라 재산 다툼으로 인해 미국에서 자금이 들어오지 않고 있는 것이라 했다. 또한 작은 매형이 모 지역 대학 총장이며 교육청 교육감이라 했다. 실제로 검색해보니 그 말이 맞았다. 그리고 그 작은누나도 가게에서 몇 번 봤었고 같이 어울리던 우리에게 소개도 해줬었다. 부모님들께서 현재 부산에 거주 중이시며 자기네 집안은 천주교 집안이라 평생 죄짓고 살아본 적이 없다는 것이었다. 가게를 빨리 오픈해야 체인사업도 순차적으로 진행되기 때문에 가게 오픈이 급하다고 했다. 가게가 오픈 되면 본인은 전국으로 체인을 넓혀가야 하기에 바빠질 거라며, 나보고 이 본점을 직접 운영도 해보라는 것이었다. 그리고 가게 보증금으로 1억 원이 들어가 있는 상태니 만약에 일이 잘못되기라도 하면 보증금을 빼서라도 돈을 갚겠다는 것이었다. 처음에는 거절했다. 그런데 계속 내게 세뇌를 시키는 것이다. 또한 그 가게를 운영해보고 싶은 욕심도 생겼다, '설마, 사람을 속이겠어?' 이렇게 생각이 바뀌었다. 그렇게 해서 나는 아파트 담보대출로 1억 원을 빌려주게 되었다. 하지만 이 1억 원이 올가미에 걸리게 하는 시작이었다.

 1억 원이라는 돈은 만져보지도 못했다. 통장에 찍힌 돈을 계좌이체로 보내주었기에 1억 원이 얼마나 많은 돈인지 알지 못했다. 그 가게는 다시 공사를 진행하는 것이 보였다. 그런데 직원들을 다 뽑고도 열지 않았다. "왜 오픈을 하지 않는 거예요?"라고 물으니 기물 살 돈이 모자란다는 것이었다. 다시 내게 올가미가 쳐지기 시작했다. 5,000만 원만 더 빌려달라는 것이었다. 빨리 오픈해야 투자자들을 모아 체인사업을 진행할 수 있고, 내가 빌려준 돈도 빨리 갚을 수 있다고 했다. 나는 하늘이 무너져내리는 것만 같았다. 1억 원을 빌려줄 때도 남편 모르게 아파트 담보대출을 받은 것이라 빨리 제자리로 돌려놔야 한다며 신신당부하면서 빌려준 돈이었다. 이미 물은 엎질러진 것이라 누구한테 상의할 수도 없었다. 그리고 자기한테 1억 원은 껌값이며 이혼소송 마무리만 되면 미국에서 돈이 금방 들어오니까 걱정하지 말라는 말을 했다. 그 말을 너무 곧이곧대로 믿었다. 나는 1억 원을 받기 위해 다시 5,000만 원을 빌려줄 수밖에 없었다. 다시 아파트 담보대출로 5,000만 원을 빌려주었다.

 한 달 안 되어 그 가게는 오픈하게 되었다. 오픈 날 가보니 지인들밖에 없고 손님이 별로 없었다. 워낙 큰 평수라 손님이 와도 손님이 많게 느껴지지 않았다. 직원도 너무 많았다. 오픈한 지 한 달 넘어서 직원들 월급을 줘야 한다며, 내게 또 돈을 빌려 달라는 것이었다. 자기는 미국 시민권자라 한국에서 대출이 안 된다는 것이었다. 그래서 내가 대신 대출을 해주면 자기가 이자까지 다 갚겠다는 것이었다. 가게가 정상화되어야 체인사업도 빨리 진행되는 거고 내게 빌려간 돈도 해결된다는 것이었다. 그렇게 악마의 손길은 내게 마수를 다시 펼치기 시작한 것이었다.
 "현희 씨. 돈 받아야지, 돈 안 받을 거예요? 이 가게 문 닫으면 현희 씨 돈 못 받는다 아이가? 어떻게 해서든 이 가게는 살려야 되지 않겠어요?"
 내게 협박 아닌 협박까지 했다. 그렇게 6개월 사이 야금야금 내게 빌려 간 돈이 3억 6,000만 원까지 늘어나게 되었다.

 어느 날 아들이 유학을 가고 싶다는 것이었다. 그래서 대구에 있는 유학컨설팅회사에서 상담받은 후 아들은 들뜬 마음에 어디로 갈지 고민을 하고 있었다. 남편은 장사하려면 계속 현금을

　　　　어떤 삶을 살든 자기 사랑만큼은 절대 양보하지 마라

들고 있어야 하기에 아파트 담보대출을 받자는 것이었다. 나는 무서웠다. 내가 저질러놓은 일이 너무 크기에 하루하루가 조마조마한 날들의 연속이었다. 그래서 그 가게를 찾아가 빌려 간 돈을 빨리 갚아달라고 이야기했다.

"아들이 유학을 가려고 해서 돈이 필요하니 빨리 해결해주세요. 왜 미국에서는 돈이 안 들어오는 거예요? 아니면 가게 보증금이라도 빼주세요."

하지만 내게 오히려 역정을 내는 것이었다.

"현희 씨가 잘 몰라서 그러는데 미국 법은 우리나라 법이랑 달라요!"

그리고 자기가 미국에 가진 재산이 많으므로 일부는 처분해야 하며 애들 엄마한테 다 줄 순 없다는 것이었다. 또 자기 사업체가 크기 때문에 처분하는 데 시간이 걸린다는 것이었다. 나는 하루하루 피가 마르는데 돈을 갚을 기미가 보이지 않았다.

남편은 내 행동이 이상했는지 아파트 등기부등본을 떼어보게 되었다. 담보대출이 걸려 있는 것을 확인하고 나를 추궁했다. 사실은 이렇게 해서 빌려주게 되었다고 했더니 당장 같이 가보자는 것이었다. 남편이 가서 난리를 치고 왔지만 그 사람은 눈 하나 깜짝하지 않았다. 남편은 내가 이렇게 어리석은 사람인지 몰랐다며, 어떻게 그렇게 큰돈을 상의 한마디 없이 빌려주고, 아들이랑 같이 사는 집을 담보로 빌려줄 생각을 할 수가 있냐며 화를 냈다. 화를 내는 것은 당연한 일인 것이다. 나는 입이 열 개라도 할 말이 없었다. 애 아빠는 담보대출로 잡힌 1억 5,000만 원만 빌려준 걸로 알고 있었다. 하지만 1억 5,000만 원이 다가 아니란 걸 들키고 싶지 않았고 또한 빌려준 돈을 내가 갚지 못해 신용불량자가 될지언정 다 떠안고 가고 싶었다. 대출한 돈을 갚지 못하면 당연히 남편이 갚아야 하는 상황에 놓인 것이다. 그래서 내 명의로 있던 것들을 남편 앞으로 돌려주고, 이혼하기로 했다. 남편 또한 나에 대한 실망감으로 많이 힘든 날들을 보냈다. 나는 남편에게까지 악마의 손길이 뻗칠까 봐 두렵기도 했다.

　장사하면서 현금을 많이 만지다 보니 돈의 가치를 깨닫지 못했다. 그리고 집에 재산이 늘어나는 것이 보이니 교만함과 경솔함이 생겼던 것 같다. 한순간의 돌이킬 수 없는 선택으로 인해 청춘을 바쳐 일해 힘들게 일궈낸 모든 것들이 다 날아갔다. 18년 결혼생활이 물거품이 되었다. 아들의 인생을 내가 망쳤다는 죄책감이 너무 컸다. 한참 예민할 고등학교 3학년 시기에 아들은 부모가 싸우는 모습을 봐야 했다. 엄마에 대한 실망감은 이루 말할 수 없을 정도로 컸을 것이다. 엄마가 그 돈 받아 올 때까지 집에 들어오지 않을 거라며 가출까지 했다. 한참 대학입시 준비를 해야 할 나이에 내가 아들의 인생을 송두리째 흔들어놓았던 것이다.

　나는 사기당하는 사람들을 바보라고 생각했다. 막상 내가 사기를 당해보니 한번 빠지면 헤어나오지 못하는 거미줄과 같은 것이었다. 물론 내게 바보라고 비난하는 사람도 있을 것이다. 처음에 빌려준 돈을 받기 위해 계속 빌려줘야만 하는 일종의 올가미가 내게 계속 쳐진 것이었다. 나는 내 청춘과 앞으로 안정된 노후를 나의 교만함과 경솔함으로 날려버린 셈이다. 그렇게 나는 인생의 쓴잔을 마셨다. 나는 인생 중반에서 실패와 좌절을 맛봤다. 그 실패와 좌절로 인해 내 인생은 송두리째 바뀌었다. 편하게 가정주부로 살아갔을 삶은 세상 밖으로 나와 비바람과 폭풍우를 견디며 깨지며 더 단단해질 수밖에 없는 삶으로 바뀌었다. 인생을 살다 보면 누구나 실패와 좌절을 맛볼 수 있다. 그러나 그 실패와 좌절을 어떻게 잘 극복해 인생 성공의 발판으로 삼을지는 자신의 판단과 노력에 달린 것이다.

03___

시련과
연애하라

시련은 더 나은 내일을 위한 연습이다.

_ 케일 건브런

내 인생의 평온함 속에 시련이 찾아왔다. 평범한 가정주부로 살며 안정된 노후 또한 보장된 상황에 사기라는 시련은 예고도 없이 내 인생으로 훅 들어온 것이다. 하지만 나는 내게 온 시련으로 인해 나의 재능을 발견하며 간절한 꿈을 가지게 되었다. 이 시련이 내게 오지 않았다면 내 삶을 살지 못한 채 누구의 엄마, 누구의 아내, 누구 집 며느리로 살았을 것이다. 내게 찾아온 시련 덕에 나는 진정한 자신을 찾을 수 있었다. 이제는 내 이름 석자를 자신 있게 이야기할 수 있는 용기도 생겼다. 또한 나는 꿈을 향해 도전하며 그 꿈이 이루어지는 과정들을 지켜보면서 거기서 나오는 쾌감 또한 맛보았다. 내게 찾아온 시련이 새로운 꿈

어떤 삶을 살든 자기 사랑만큼은 절대 양보하지 마라

을 꾸게 하며 앞으로 나갈 수 있는 디딤돌 역할을 해준 것이다.

우리는 살아가며 수많은 시련과 마주하게 된다. 간혹 이것이 시련인지 모르고 지내 보낼 때도 있다. 우리가 겪는 시련에서 깨달음과 지혜를 얻지 못한다면 그 시련은 다시 찾아오게 되는 것 같다. 신은 결코 우리가 감당하지 못할 시련을 주시지 않는다. 죽을 만큼 힘들어도 죽지 않는다. 우리에게는 누구나 슬기롭게 대처할 수 있는 능력이 있는 것이다. 나는 이혼을 하며 세상을 향해 당당하게 나왔다. 실패와 시련들을 겪으며 인생을 다시 배워나가게 되었다. 세상은 나를 향해 기회를 주며 나를 기다리고 있었다. 이제는 그 기회를 알아볼 수 있는 안목도 생겼다. 그렇게 나는 우물 안 개구리에서 우물 밖으로 나올 수 있었다.

애플 사의 CEO였던 스티브 잡스(Steve Jobs)는 자신이 설립한 회사에서 쫓겨나는 시련을 겪었다. 그런데도 좌절하지 않고 자신의 꿈을 이루기 위해 더욱 노력했다. 이후 세계 최초의 3D 애니메이션《토이스토리》와 아이팟, 아이패드를 내놓으며 화려하게 재기해 성공신화를 창조했다.

자신이 설립한 회사에서 해고당하는 아픔을 겪으면 보통사람들은 자신의 처지를 비관하며 좌절했겠지만, 그는 좌절하지 않았다. 오히려 과거에서 벗어나기 위해 더욱 피나는 노력을 기울였다. 그렇게 시련을 극복하며 더 큰 성공을 이루게 된 것이다.

성공한 사람들은 수많은 시련과 역경 속에서도 자신의 꿈을 향한 도전과 열정을 멈추지 않는다. 성공이라는 달콤함이 기다리고 있다는 것을 알기 때문이다. 시련을 이겨내는 자와 이겨내지 못하는 자의 차이는 마음가짐일 것이다. 낙심하고 자신의 불행으로 초점을 맞춘다면 결코 그 시련을 이겨내지 못한다. 이 시련들이 내게 왜 찾아왔는지 생각하며 시련과 연애를 해보라. 시련을 이겨낼 때마다 더 성숙해져 있는 자신과 만날 수 있으며 또한 성공이라는 선물까지 따라오게 될 것이다.

나는 사기를 당해 이혼하며 홀로서기를 하기 위해 아무 연고도 없는 수원으로 오게 되었다. 요식업 경험도 없던 내가 찬모로 일하며 대표님께 인정받아 과장까지 승진할 수 있었던 건 시련을 잘 극복하며 새로운 꿈을 향해 열정적인 삶을 살았기 때문이다. 또한 나는 홀로서기를 하며 40년 만에 혼자 자취를 해봤다. 20년은 부모 밑에서 20년은 남편 그늘에서 있던 나는 40년 만에 혼자가 되었다. 처음 원룸에서 지낼 때 밤만 되면 무섭고 두려웠다. 첫날은 불도 끌 수 없었다. 혼자라는 사실이 무서웠고 어둠이 무서웠다. 혼자가 익숙지 않아 외로움에 술로 지샌 날들도 많았다. 세상에 혼자 버려졌다며 자신을 자책하며 술로 육체와 정신을 병들게 했다. 그때는 눈앞의 시련과 절망만 본 것이다. 이 시련들을 견디고 나니, 나는 푸드회사에 과장이 되어 있었다. 시련을 견디고 성공이라는 선물을 받았을 때의 그 기분은 누려본 자만이 알 수 있을 것이다. 또한 나를 병들게 한 술로부터도 해방

어떤 삶을 살든 자기 사랑만큼은 절대 양보하지 마라

될 수 있었다. 이제는 혼자서 지내는 것도 어둠도 무섭지 않다.

내게 첫 번째 시련은 아마도 엄마의 죽음이었을 것이다. 엄마는 내게 정신적 지주와도 같았다. 내 나이 27세에 엄마의 고통스러운 죽음을 지켜보며 정말 하나님이 계신다면 엄마를 살려주실 거라고 믿었다. 내 몸과 같이 이웃을 사랑하셨고, 복음 전파에 힘썼으며 늘 기도생활을 실천하셨다. 그런 엄마는 대장암이라는 암이 주는 고통과 아사라는 고통을 둘 다 겪으신 후 돌아가셨다. 먹지 못하는 괴로움이 얼마나 큰 것인지 엄마를 보며 생생히 느낄 수 있었다. 물 한 모금도 삼키시지 못하셨고 드시고 싶어 하셨던 불고기는 결국 삼키지를 못해 드시지 못하고 돌아가셨다. 하나님 앞에 헌신을 다하신 엄마에게 왜 이런 고통까지 겪게 하시며 데려가시는지 하나님을 원망했다. 그 원망은 엄마가 돌아가시고 나서 엄마의 빈 자리를 느낄 때마다 더 크게 다가왔다.

나는 3남 1녀로 태어나 자식은 아들 하나를 두었다. 엄마가 돌아가시자 여자로서의 고민을 이야기할 곳이 없었다. 혼자 울며 삭혀야 했다. 어느 정도 경제적으로 자리를 잡고 나서는 효도하고 싶어도 엄마가 안 계셨다. 잘해드리지 못한 것에 대한 죄송한 마음이 제일 컸다. 지금도 엄마와 단둘이 여행 다니는 친구들을 보면 부럽기만 하다. 내게 사기와 이혼이라는 시련이 찾아왔을 때 엄마의 빈자리는 더 크게 느껴졌다. 내가 똑바른 길로 안내해줄 엄마의 채찍이 필요했는지도 모른다. 이혼할 당시 남편에게 제대로 된 용서를 구하지 못했다. 용기가 없었다. 아니 내 잘못을 크게 깨닫지 못했다는 표현이 맞을 것이다. 그저 윽박지르는 남편이 싫었고, 화내는 모습이 보기 싫었다. 사기당한 돈만 받으면 남편 눈치 안 보며 잘 살 거란 어리석은 생각을 했다. 세상에 나와보니 남편 그늘 밑에 있다는 것이, 부모 그늘 밑에 있다는 것이 온갖 비, 바람을 막아주는 방패막이였다는 것을 알 수 있었다. 직접 그 비, 바람을 맞으며 세상에 나와보니 나의 선택이 얼마나 어리석었으며 오만했는지를 깨달을 수 있었다. 이제라도 남편에게 제대로 된 용서를 구해야겠다는 마음에 이렇게 용서의 편지를 보내본다.

'나의 허물을 알지 못하고, 나의 잘못은 깨닫지 못한 채 허영으로 가득 차 내 눈을 가린 채 제대로 앞을 보지 못한 나를 용서해주세요.

가정을 지키려고 노력했던 당신의 마음을 짓밟아버린 나를 용서해주세요.

아들이 결혼해 가정을 이루고 자식을 낳아 기르는 행복을 같이 누리지 못하게 한 나를 용서해주세요.

아들에게 부모의 이혼이란 아픔을 겪게 한 나를 용서해주세요.

세상에서 제일 중요한 것을 보지 못한 나를 용서해주세요.

믿겠지만 이제는 세월이 흘렀으니 이런 나를 용서해줄 수 있는 자비를 베풀어주세요.

그리고 내게서 받지 못한 사랑을 받으며 여생 행복하게 잘 사시길 진심으로 기도드립니다.

또한 나에게 받은 상처들 이제는 치유되기를 기도드립니다.

나의 철없던 젊은 날 방황하지 않고 안전하게, 행복한 결혼생활을 하게 해준 당신께 진심으로 감사드립니다.'

나는 시련을 통해 제일 소중한 것이 무엇인지 깨달을 수 있었다. 내 잘못이 무엇인지, 경솔한 행동이 어떤 결과를 낳았는지 뼈아픈 경험으로 알 수 있게 되었다. 누구나 살다 보면 실수와 경솔한 판단을 할 수 있다. 하지만 잘못을 인정하며 용서를 구하는 마음 또한 가져야 한다. 이런 것이 시련을 통해 얻는 깨달음일 것이다. 단단한 나를 만들기 위함이기에 내게 주어진 시련을 힘듦으로만 받아들이지 말자. 나는 이 시련으로 인해 많은 것을 잃었으며 절망밖에 없다고 생각했다. 하지만 이 시련을 이겨내보니 더 새로운 희망이 보이기 시작했다. 내가 절망뿐이라고 생각하면 그 시련에서 절대 벗어나지 못한다. 내가 어떤 마음가짐을 가지느냐가 중요한 것 같다. 시련을 시련으로 받아들이지 않고 인생의 한 장면 지나가야 하는 상황으로 받아들인다면 시련을 대하는 마음이 훨씬 가벼워질 것이다. 내 앞에 닥쳐 있는 시련들은 내가 성장해나가기 위해 꼭 필요한 과정일 수도 있는 것이기에 이제는 이 시련들을 즐길 수 있는 여유로운 자세도 필요하다. 지인들이 겪고 있는 시련들을 보며 내가 이끌어줄 수 있는 마음을 가진다면, 우리는 함께 성장해나가는 것이고 더불어 인생을 완성해나가는 것이 될 것이다.

04___

최악의 상태에서도
최선의 선택을 하라

나의 아버지는 거리를 청소하시는 청소부셨다. 학교 가는 길에 친구들과 걸어가는데 앞 발치에 일하고 계시는 아버지가 보였다. 나는 창피했다. 거리를 쓸고 계신 분을 가리키며 "우리 아버지셔. 친구들아, 인사해"라고 말할 용기가 없었다. 그 당시 청소부가 시청 소속이었기에 공무원으로 분류되었다. 그래서 자녀학자금이 나와 우리는 어려운 살림살이임에도 고등학교까지 마칠 수 있었다. 우리 가족의 생계를 위해 매일 새벽 4시에 나가 거리를 청소해야 하는 아버지의 심정을 나는 이해하지 못했다. 그저 우리 아버지는 왜 거리의 청소부일까? 나는 왜 이런 부모를 둔 걸까? 부모님에 대한 고마움을 알지 못한 철없는 아이였다.

아버지는 술을 드시지 않으시면 호인이셨다. 그런데 술만 드시면 폭력적인 성향이 나왔다. 고된 일을 하시기에 거의 매일

어떤 삶을 살든 자기 사랑만큼은 절대 양보하지 마라

술을 드셨다. 술을 드시는 날에는 우리는 불안에 떨며 부모님이 싸우시지 않길 빌 수밖에 없었다. 엄마가 얼마만큼 참으시느냐에 따라 조용하게 넘어갈지 아니면 부부싸움을 하실지 결정이 났다. 나는 부모님이 치고받고 싸우시는 걸 자주 봤다. 저러다 한 분이 돌아가시는 것이 아닐까 걱정되어 옆집에 계신 이웃분께 싸움 좀 말려달라고 한 적도 있다. 싸움이 끝이 나면 엄마는 누워 혼자 울고 계셨다.

부부싸움을 하신 다음 날 우리는 도시락을 싸가지 못해 엄마는 점심을 사 먹으라고 500원을 주셨다. 나는 엄마가 그 돈을 어떻게 버신 줄 안다. 집 뒤 텃밭에 상추를 심어 포항역에 있는 작은 시장에 내다 파신 돈이다. 어린 마음에 500원으로 맛있는 거 사 먹을 수 있단 생각으로 학교에 간 것 같다.

아버지는 작은오빠를 자신과 닮지 않았다는 이유로 때리곤 했다. 왜 그러셨을까? 밥도 못 먹게 하며 남의 자식처럼 대했다. 그런 작은오빠는 눈치를 많이 보는 왜소한 아이로 클 수밖에 없었다. 그런 아들을 건강하게 키우시고 싶으셨는지 엄마는 작은오빠에게 마라톤을 시켰다. 어느 날 엄마는 학교에서 운동하고 있는 작은오빠에게 가져다주라며 도시락을 주셨다. 그때 나는 초등학교 3학년이었던 것 같다. 도시락을 한 손에 들고 흔들며 뛰어가다 도시락 가방이 풀려 냇가로 다 쏟아졌다. 그날 작은오빠는 점심을 먹지 못했다.

작은오빠는 중학교를 올라가며 사춘기를 겪었다. 아버지의 잘못된 사랑으로 작은오빠의 자아도 비뚤어진 것 같다. 결국 학교 생활에 적응하지 못하고 중학교를 중퇴했다.

 작은오빠는 기술을 배우겠다며 정비공장으로 출근했다. 엄마는 어린 아들이 힘든 일을 하는 것이 못내 가슴 아프셨을 것이다. 수박 두 덩이를 사 아들을 잘 부탁드린다며 정비공장에 찾아가 인사하고 오신 걸 본 적이 있다. 어느 날 작은오빠가 머리에 피를 흘리며 집에 왔다. 깜짝 놀란 엄마는 어떻게 된 일이냐며 물으니 정비공장에서 형들이 망치로 때렸다는 것이다. 엄마는 그런 아들을 보며 가슴이 찢어질 듯 아프셨을 것이다. 요즘 같은 시대에서는 있을 수 없는 일이지만, 우리가 클 당시에는 그런 일들이 있었다. 돈 없는 사람들에게는 힘든 세상이었다.

 부모님은 전라도 출신이시다. 전라도 사람이 경상도에 정착하려니 지역감정 때문에 힘든 부분들이 있으셨다. 그런 이유로 따돌리는 이웃도 있었다. 그렇지만 엄마는 아랑곳하지 않으시고, 우리보다 더 어려운 이웃에게 쌀을 나눠주며 키운 농작물을 갖다주곤 하셨다. 그런 엄마에게 아버지는 우리 먹을 것도 없는데 퍼다준다며 욕을 하셨다. 엄마는 이런 아버지와 사시는 게 무척 힘드셨을 것이다. 또한 아버지 집안은 통일교 집안이며, 엄마네 집안은 독실한 기독교 집안이셨다. 종교적 갈등으로 할머니는 엄마를 며느리라 부르지 않고 예수쟁이라 부르며 호된 시집살이를 시키셨다. 할머니뿐 아니라 고모들까지 엄마에게 갖은 핍

박을 하셨다. 엄마는 이 모든 걸 기도로 참아내셨다. 그 핍박의 세월을 이겨낼 수 있으셨던 건 정말 하나님에 대한 강한 믿음이었을 것이다. 할머닌 돌아가실 때 엄마에게 고맙다고 하셨다. 자기 아들과 살며 고생한 엄마를 인정해주신 것이다.

내가 고등학교 다닐 당시 집에 불이 났을 때 우리는 전 재산을 잃은 거나 마찬가지였다. 무허가 주택이라 나라에서 보상도 거의 나오지 않았고, 자비로 수리를 해야 했다. 그런 상황에서도 엄마는 방 한 칸 남겨주신 하나님께 감사했다. 그 집을 수리하기 위해 두 분이 손수 벽돌을 쌓고 시멘트를 바르셨다. 여자로서 힘든 일임에도 엄마는 감사로 늘 웃으시며 사셨다. 입에선 찬송가가 끊이지 않았다.

내가 22세 때 아버지께서는 간경화로 인한 간성혼수가 왔다. 헛소리를 하시고 자식들도 알아보지 못했다. 그런 아버지를 엄마는 지극, 정성으로 간호하셨다. 토마토와 부추를 갈아드리며 간 재생에 도움이 된다는 건 다 챙겨드리셨다. 아버지를 위해 금식기도도 마다하지 않으셨다. 엄마의 정성과 하나님의 은혜로 아버지는 많이 회복하셔서, 옛날의 건강한 모습은 아니지만 일상생활이 가능해지셨다. 그런데 몸이 좀 회복되시니 아버지는 다시 술을 드셨다. 이 때문에 또 두 분은 다투셨고, 엄마의 지쳐가시는 모습이 자식들 눈에도 보이기 시작했다.

그로부터 5년 후 엄마는 대장암에 걸리셨다. 둘째 오빠네가 결혼식을 올리지 않고 조카를 키우며 살고 있었기에 엄마는 본인 살아계실 때 결혼식을 올려주고 싶으셨던 것 같다. 아프신 몸에도 불구하고 둘째 오빠의 결혼식을 올려주며 한 짐을 더셨다. 엄마는 병원에서 대장암 진단을 받으셨을 때 이미 말기인 걸 아신 것 같았다. 밖에서 만져질 정도로 암 덩어리가 컸기에 엄마는 하나님이 살려주시면 산다는 믿음으로 더 이상의 정밀검사도 수술도 받지 않으셨다. 남겨질 자식들에게 수술비와 병원비로 부담을 주고 싶지 않으셨던 것 같다. 엄마는 암과 싸우면서도 아버지 드실 김치와 된장, 고추장을 담그셨다.

　어느 날 엄마에게서 너무 아프시다며 전화가 왔다. 나는 시집와 멀리 떨어져 살고 있었기에 자주 가 뵙지도 못했다. 어떻게 할 방법이 없던 나는 울면서 기도드릴 수밖에 없었다. 친정에 와보니 엄마는 홀로 고통을 참고 계셨다. 엄마가 드시고 싶으신 불고기를 해드렸지만, 엄마는 넘기지 못하셨다. 그 모습을 지켜보는데 눈물밖에 나지 않았다. 내 이웃을 사랑함으로 그리스도의 참사랑을 실천하며 믿음으로만 사신 분이신데, 이렇게까지 고통을 겪게 하시는 하나님이 원망스러웠다. 오빠들과 상의 끝에 엄마를 병원에 입원시켰다. 영양제랑 진통제를 맞으시니 좀 나아 보이셨다.

　엄마 병간호를 한 달 정도 했다. 딸이라곤 하나밖에 없는데 멀

어떤 삶을 살든 자기 사랑만큼은 절대 양보하지 마라

리 시집가서 잘 돌봐드리지도 못함에 죄송스럽기만 했다. 엄마는 병원에 와 있는 날 보며, "이렇게 병원에 와 있으면 황 서방 밥이랑은 어짜노?" 하시며 오히려 사위를 걱정하셨다. 처음 입원하셨을 때랑 다르게 엄마는 계속 마르셨다. 암이 더 악화될수록 아무것도 드시지 못하셨다. 결국에는 물 한 모금 못 마시는 지경까지 가셨다. 암이라는 것이 암이 주는 고통도 크지만 먹지 못하는 고통까지 같이 주는 무서운 병임을 엄마를 보며 깨달았다. 결국 몸에 있는 수분까지 다 빠지고 나서 돌아가셨다. 엄마는 돌아가시기 전 혼수상태에서 깨어나 우리 손을 잡으시며 눈물을 흘리셨다. 엄마는 가시는 마지막 순간까지도 자식들 걱정을 하신 것이다. 엄마는 병원에서 한 달을 못 채우고 돌아가셨다. 암 진단받으시고 6개월 만에 돌아가신 것이다.

나는 엄마를 생각하면 잘해드리지 못한 죄송스러운 마음에 늘 가슴이 아프다. 엄마는 알코올중독과 폭력이 있으신 아버지와 사시면서도 이웃들에게 사랑을 실천하며 우리도 늘 사랑으로 보듬어주셨다. 알코올중독과 폭력이라는 최악의 상황에서도 엄마는 자식들을 지키기 위해 이혼을 하지 않으셨다. 본인의 삶보다 자식들을 더 생각하신 것이다.

나는 그런 엄마를 생각하면 우리 아들에게 너무 미안하다. 나의 잘못된 선택으로 겪지 않아도 될 아픔을 너무 많이 겪게 한 것이다. 당연히 누려야 할 권리를 내가 빼앗은 기분이다. 아들만 생각하면 늘 가슴 한쪽이 아려온다. 하지만 내가 한 선택들이었기에 나는, 이 상황에서 최선을 다하며 살아갈 수밖에 없다. 훗날 떳떳한 엄마로 남 부끄럽지 않은 삶을 사는 사람으로 아들 앞에 서고 싶다. 그러기에 매 순간 나는 최선을 다한다. 내게는 사랑하는 아들이 있기에 어떤 최악의 상황에서도 희망을 품을 수 있다. 착한 아들이기에 이렇게 살아가고 있는 엄마를 응원해주고 있는지도 모른다. 다른 누구보다 더 엄마를 이해해주며 보듬어주는 아들이기에 정말 감사하기만 하다. 지금도 내가 희망을 품은 채 살아가는 이유다.

우리는 살아가며 절망의 순간들을 맞이할 때가 있다. 하지만 그 절망 속에도 희망은 반드시 있다. 그게 우리가 살아가는 인생의 묘미인 것이다. 그러니 어떤 최악의 상황일지라도 절대 낙심하지 말고 희망의 불씨를 찾아 도전해보는 것은 어떨까? 분명 희망의 불씨가 장작불처럼 활활 타오를 수 있을 것이다.

어떤 삶을 살든 자기 사랑만큼은 절대 양보하지 마라

05___

'아시아의 빌 게이츠'로 불리는 김윤종 회장은 맨손으로 아메리칸 드림을 이룬 인물이다. 그는 28세에 빈손으로 미국에 건너가 막노동으로 생계를 유지하며 학업을 마친 후, 지하 차고에서 사업을 시작했다. 지난 1993년 컴퓨터 네트워크 업체 자일랜을 창업하고 1996년 나스닥에 상장시킨 후 1999년 알카텔에 20억 달러를 받고 매각했다. 그는 미국 억만장자의 대열에 합류했다. 이민 간 지 30여 년 만에 고국으로 돌아온 김 회장은 '꿈·희망·미래' 장학재단을 설립하고 체계적인 기부활동도 벌이고 있다.

그는 한 인터뷰에서 자신의 성공비결에 대해 이렇게 말했다.

"처음부터 창업하고 이를 통해 부자가 될 것이라 기대했던 것은 아닙니다. 저는 대기업을 다니면서, 마치 기계의 부속품처럼 변해가는 저의 모습을 참을 수 없었고, 그래서 소기업을 선택했습니다. 직원이 30명 남짓한 작은 회사였던 '페일로옵티컬시스템'에서 저는 제가 만든 제품을 어떻게 판매해야 하는지, 그리고 저와 비슷한 제품을 만드는 기업들은 어떤 방법으로 제품을 개발하고 있는지 알게 되었습니다. 그뿐만 아니라 고객들이 어떤 제품을 원하고 있는지도 알게 되었는데, 이는 창업에 필요한 자산이 되었습니다."

이후에 생활은 안정되었지만, 그는 현실에 안주하지 않았다고 했다. 회사를 과감히 그만두고 차고에서 사업을 시작한 후, 고객의 요구에 부응하고 다른 회사보다 더 나은 제품을 만들기 위해 노력했다. 그 결과 일 년 만에 시제품을 만들었고, 첫 고객인 NASA에 그것을 판매함으로써 성공적인 데뷔를 할 수 있었던 것은 무엇보다도 편안함에 안주하지 않는 도전 정신 때문이었다고 생각한다고 했다. "성실성과 결단력, 인재채용 등도 중요하지만 가장 중요한 것은 역시 끊임없는 열정과 도전이었다고 스스로 평가합니다"라고 말했다.

김 회장은 자신의 성공비결을 이렇게 담담하게 이야기했지만, 그가 걸어온 길은 시련과 역경의 연속이었을 것이다. 그는 끊임없는 열정과 도전 정신으로 앞에 놓인 시련과 역경들을 뛰어넘은 것이다. 또한 그는 "부모님께 물려받은 가난으로 인해 극기심과 겸손을 배울 수 있었으며 온화한 성품을 물려받아 나눔의

어떤 삶을 살든 자기 사랑만큼은 절대 양보하지 마라

삶을 살 수 있었습니다. 행복전도사로서 더 많은 강연과 나눔을 실천해 돈을 쓰면서도 부자가 되는 방법을 전파하고 싶습니다"라며 장학사업과 사회복지사업에 연간 20억 원을 지원하며 한국 장학생과 연변 조선족 장학생들에게 꿈을 심어주고 있다.

김윤종 회장의 과거는 누구보다 초라하고 힘들었다. 하지만 강한 도전 정신으로 성공이라는 금자탑을 쌓을 수 있었다. 이처럼 성공은 힘든 상황에서도 꿋꿋하게 한 발 한 발 내딛는 사람에게 주어진다. 또한 나눔을 실천하며 베푸는 삶으로 사회에 선한 영향력을 끼치고 있다.

현대그룹 고 정주영 회장은 새로운 사업 추진을 앞두고 실패를 두려워하는 임직원들에게 "해보기는 했어?"라고 호통을 쳤다 한다. 현대그룹이 지금과 같은 글로벌 기업으로 거듭날 수 있었던 것은 실패를 두려워하지 않는 그의 이런 도전 정신이 있었기 때문이다. 성공이란 실패를 두려워하지 않는 도전 정신만 있다면 누구나 다 맛볼 수 있는 것이다. 인생이라는 여러 가지 선택지에서 나만의 장점을 찾아 자신을 믿고 담대히 나간다면 분명 내가 그리는 성공과 만날 수 있다. 그러기에 지금의 나의 선택이 중요한 것이며 그 선택에서 최선을 다해야 한다.

나는 20년 동안 농약장사만 했었기에 이혼 후 홀로서기를 어떻게 해야 할지 판단이 서지 않았다. 우여곡절 끝에 포장마차를 하며 만난 친구로 인해 내 인생은 새로운 길로 들어서게 되었다.

나는 수원 S푸드에 근무하며, 맛을 내는데 소질이 있다는 것을 알게 되었다. 나의 재능이 무엇인지도 깨달았다. 누구보다 성실하며 내게 주어진 일에 최선을 다할 줄 아는 열정도 있음을 알게 되었다. 혼자서 충분히 성공할 수 있을 거라는 자신감과 앞날에 대한 두려움보다는 희망을 보게 된 것이다.

그곳에서 한 1년쯤 근무하다 보니 서울에서 유명한 가든에서 셰프를 하셨던 분이 새로 오셨다. 나는 그분에게 요리하는 법을 기초부터 다시 배울 수 있었다. 그분과 나는 서로의 장점들을 빨리 파악해 서로를 보완해주며 더 맛있는 메뉴를 만들기 위해 노력했다. 회사 대표님께서는 그분과 나를 아끼셨고, 그분과 같이 메뉴개발을 할 기회도 주셨다. 나는 정말 스승을 만난 것이었기에 더 열심히 배우며 내 것으로 만들기 위해 노력했다.

콩요리전문점 매장 오픈준비를 하면서 그분과 나는 서로가 가진 장점들을 메뉴에 접목했다. 내가 열무김치를 맛있게 담았기 때문에 청국장 메뉴와 시래기나물을 잘 볶았기에 시래기 두부조림 메뉴도 만들 수 있었다. 상호보완해주며 콩요리전문점 매장을 오픈할 수 있었다. 김밥집 매장을 오픈할 때에도 내가 볶은 매운 잔멸치로 매운 멸치 김밥 메뉴를 만드는 등 이제는 음식을 만드는 것에 자신감이 붙기 시작했다. 찬만 만드는 것이 아닌 메뉴 만들기에 직접 참여하게 되니 더 자부심이 생겼다. 한낱 찬모가 아닌 메뉴개발자로서의 가능성도 봤기에 뿌듯함을 느꼈다.

우리는 누구나 무한한 능력을 갖추고 있다. 하지만 자신을 의

어떤 삶을 살든 자기 사랑만큼은 절대 양보하지 마라

심하며 믿지 못할 때는 그 능력을 발휘하지 못한다. 그러기에 그 누구도 아닌 자신이 나를 믿어주며 인정해주어야 하는 것이다. 그럴 때라야 내 속에 감춰져 있던 무한한 능력을 발휘할 수 있게 되는 것이다.

　인생이란 도화지 속에 붓으로 그리는 대로 그림이 그려지는 것과 같다. 내가 어떤 선택을 하느냐에 따라 다른 인생들이 펼쳐진다. 그 선택지에서 내가 얼마만큼 노력하느냐에 따라 결과는 달라지게 되어 있다. 가보지 않은 길에 대한 두려움은 누구나 가지고 있다. 하지만 그 길이 두려워 가보지 않는다면 그 길 끝에는 무엇이 기다리고 있는지 우리는 알지 못한다. 가본 자만이 알 수 있는 것이다. 우리가 도전과 실패의 과정을 거쳐 과감히 가는 그 길에는 내가 원하던 성공이 기다리고 있을 것이다. 그 경험들이 훗날 내게 큰 자산이 될 수 있다. 그런 길들이 모여 나중에 큰 도로가 만들어지게 되는 것이다. 그러니 새로운 길에 대해 두려움 없이 나아가야 한다. 새로운 길은 내가 개척해서 만들어지는 것이기에 더 흥미로운 것이다.

　성공과 실패는 단 한 번만 주어지는 게임이 아니다. 우리 인생은 수많은 게임을 체험하는 것과도 같다. 내가 어떤 캐릭터를 선택했는지에 따라 게임들이 달라지는 것이기에 우리 인생도 게임을 하듯이 즐겨야 한다. 새로움에 대해 거부반응을 일으킬 필요가 없으며 오히려 흥미를 느끼고 즐길 때라야 인생도 더 즐거워지는 것이다.

김윤종 회장의 말을 다시 한번 곱씹어보자.

"저는 27세 때 거의 빈털터리였고, 35세에는 가족이 있는 상
태에서 차고로 들어갔습니다. 제가 성공했다고 자신 있게 말할
수 있는 기간은 불과 10여 년입니다. 누구에게나 아직 기회는
있습니다. 어제까지의 삶은 이제 바꿀 수 없지만, 내일의 모습은
내가 오늘을 어떻게 사느냐에 달려 있습니다."

우리의 삶은 기회의 연속이다. 현재에 머물러 있지 말고 나의
찬란한 미래를 위해 이제 다시 꿈을 꿀 시간이다. 새롭게 꿈꾸
며 나아갈 때라야 기회도 주어지게 된다. 나도 수원을 오기 전
에 많은 고민을 했었다. 제일 큰 고민이 아들이었다. 수원을 가
기로 하고 아들에게 말했더니 아들이 내게 "엄마, 수능 끝날 때
까지만이라도 수원에 있어 주면 안 돼?"라고 했다. 아들의 이 한
마디에 고민도 했지만, 나는 아들에게 신세 지는 엄마가 되지
않기 위해서라도 수원행을 선택할 수밖에 없었다. 기회가 주어
졌을 때의 선택 또한 중요한 것이기에 나는 그 기회를 잡을 수
밖에 없었다.
같이 있어 달라는 아들을 뒤로 한 채 온 수원이기에 열심히 할
수밖에 없었고 이곳에서 길을 찾기 위해 더 노력했다. 노력에는
늘 결실이 따르는 법이란 걸 수원 와서 깨달을 수 있었다. 내 인

생 후반기에 내 힘으로 일어설 기회를 나 스스로 만든 것에 나는 자신이 자랑스럽다. 그러기에 내가 하는 일에 자부심이 생겼다. 내가 만든 음식으로 인해 사람들이 행복해하시는 모습을 바라볼 땐 이루 말할 수 없는 감동도 밀려온다. 나는 이곳에 와 진정 자신의 소중함과 가치를 깨달을 수 있었다. 내가 선택한 길에서 나는 최선을 다하며 노력했기에 더 큰 길로 나갈 수 있게 된 것이었다. 그러기에 나는 매 순간 내가 선택하는 그 길에 최선을 다하며 살아나가고 있다. 그 길에는 실패와 성공이 존재하지만, 나는 연연하지 않는다. 실패도 성공도 다 깨달음을 얻기 위한 과정이기에 나는 묵묵히 최선을 다할 뿐이다. 새로 펼쳐질 새로운 길을 오늘도 나는 그려본다.

06

내가 걸어온
모든 길에는 이유가 있다

내가 지구별에 온 이유는 뭘까? 곰곰이 생각해본다. 나는 무엇을 하기 위해 이 땅에 왔으며 무엇을 깨닫기 위함일까? 또 나는 왜 이리 굴곡진 삶을 선택해야 했을까? 나는 사기를 당해 이혼하며 많은 감정의 변화와 싸워야 했다. 그중 하나가 죄의식이었다. 죄의식은 우울과 무력감을 끌고 왔다. 그렇게 나는 하루하루를 죄의식에 빠져 우울과 무력감에 갇혀 삶의 의미를 찾지 못했다. 세상에 혼자 버려진 것 같은 생각에 결국 해서는 안 될 선택을 했다. 그냥 아무도 모르게 이 세상을 떠나고 싶었다.

이제 진정한 자유가 오는구나!
날 괴롭혔던 것들에게서 다 벗어날 수 있구나!
이제 더 힘든 시련들을 겪지 않아도 되는구나!

정신을 잃기 전 기분이 좋아졌다. 나는 그렇게 현실에서 도피하고자 했다. 나는 집 비밀번호도 바꾸고 휴대전화도 가게에 둔 채 아무도 내가 집에 있는 걸 알지 못하게 했다. 이 죽음이 실패로 돌아가고 싶지 않았다. 그런데 누가 뺨을 때리며 "정신 차리세요!" 하는 것이다. 왜 방해를 하는 건지 나는 짜증이 났다.

그때 살던 집이 3층이었다. 집 비밀번호를 바꾼 상태라 119 구급대원들이 창문을 통해 들어오셨다. 전 남편이 신고한 것이었다. 내가 집에서 자살 시도를 하고 있었는지 어떻게 알았을까?
내가 집에 있었는지도 몰랐을 것인데, 어떻게 119를 부르게 된 걸까? 그런 의문을 가질 정신도 없이 나는 들것에 실려 대구 화상병원으로 급히 옮겨졌다. 그때도 나는 혼자였다. 이혼한 전 남편은 보호자가 될 수 없다고 했다. 새벽에 고압산소치료를 받고 나서 접수증을 쓰며 나는 "지금 새벽이니 여기서 좀 쉬었다가 날 밝으면 집에 가도 되나요?"라고 물었다. 그러자 간호사분께서는 "환자분, 입원하셔야 해요. 일산화탄소를 너무 많이 마셔서 최소 일주일 이상은 치료받으셔야 해요"라고 말했다.

환자복으로 갈아입고 입원실에 누워있는데 옆에서 수군거리는 소리가 들려왔다. 화상병원인데 화상 자국이 보이지 않으니, 다들 내가 왜 입원한지 아는 눈치였다. 고압산소치료기가 화상병원에만 있다는 걸 나는 그때 알았다. 나는 그런 수군거림이 귀에 들어오지도 않았지만 말이다.

왜 내가 살아있지?

그냥 죽게 내버려두지, 왜 살려주신 거야?

앞으로 나는 어떻게 살아가지?'

그때까지도 나는 신을 원망하며 절망감에 빠져 있었다. 아들에게서 전화가 왔다. 아빠가 알려준 듯했다.

"엄마, 왜 그랬어? 엄마 없이 나 어떻게 살라고. 몸은 좀 어때? 내가 지금 병원으로 갈까?"

아들의 그 울음 섞인 말에 대답은 하지 못한 채 나는 하염없이 눈물만 흘렸다. 아들에게 미안한 마음에 정신이 번쩍 든 것이다. '아! 내가 정말 소중한 걸 깨닫지 못했구나! 아들 옆에서 든든한 버팀목 역할을 해줘야겠구나!' 하며 내 소중한 아들 때문에라도 살아야겠다는 희망을 품게 되었다.

나는 자신을 죄의식에 가둬두며 학대했다. 내가 얼마나 소중한 존재인지를 깨닫지 못했기 때문이다. 또 내가 지켜주고 버팀목이 되어주어야 할 소중한 아들이 있다는 것도 깨닫지 못했다. '자신을 학대하며 사랑하지 않는데 어디에서 희망을 찾을 수 있으며 누구를 사랑으로 보살피며 돌봐줄 수 있단 말인가? 이런 깨달음이 다다랐을 때 문득 날 살려주신 분은 나의 수호천사가 아니었을까? 그날의 일로 내게 가르침과 깨달음을 주려는 신의

어떤 삶을 살든 자기 사랑만큼은 절대 양보하지 마라

시험이 아니었을까?'라는 생각이 들었다.

그 사건 이후로 나는 죄의식에 갇혀 있던 내게서 빠져나와 날 진정으로 용서할 수 있게 됐다. 사랑으로 보듬어줄 수 있게 된 것이다. 그러니 삶의 희망들이 보이기 시작했다. 그 희망들이 내 꿈으로 나아갈 수 있는 디딤돌 역할을 해준 것이다. 그렇게 나는 수원으로 와 삶의 희망을 안고 살아갈 수 있었다. 내 소중한 아들에게 엄마가 당당하게 살아가는 모습을 보여주고 싶었다. 나는 처음 찬모 일을 해보는 것이라, 육체적으로 너무 힘이 들었다. 그만두고 싶을 때가 한두 번이 아니었다. 그렇지만 나는 그만둘 수 없었다. 엄마가 당당하게 사는 모습을 아들에게 꼭 보여주고 싶었기 때문이다. 나는 견디며 또 참으며 그렇게 인내했다. 그 결과 대표님께 인정받는 직원이 될 수 있었다. 과장 승진과 함께 자신감을 얻게 되며, 다른 꿈들을 꿀 수 있는 견인차 역할을 하게 된 것이다.

나는 스스로 가지게 된 희망으로 삶의 희망을 잃은 분께 용기를 주고 싶다. 자신이 얼마나 소중한 존재인지를 깨닫게 해주고 싶다. 나는 그런 분들께 이렇게 이야기해주고 싶다.

"자신은 정말 소중한 사람이며, 자신을 사랑할 때 비로소 세상의 모든 것들을 사랑할 수 있습니다. 우리는 특별한 존재이며 신께서는 이런 우리를 너무나 사랑하십니다. 그러기에 우리는 어떤 시련이 온다 해도 시련을 시련이라 여기지 않고 나를 더 단단하게 하려는 신의 축복이라 여길 수 있는 것입니다. 또한 꼭 거창한 꿈이 아니어도 이루고자 하는 열정과 도전 정신을 살려 자신의 꿈을 향해 나아갈 수 있습니다. 이는 더 큰 꿈들을 향해 나아가는 과정일 뿐입니다. 우리는 누구나 꿈과 희망을 마음에 품을 수 있습니다. 그러니 이제는 여러분들의 꿈을 바라보며 세상을 향해 당당하게 나아가세요. 세상은 그런 여러분들을 두 팔 벌려 기다리고 있습니다."

이 글에서 희망을 읽은 이들이 다시 다른 이에게 희망을 전달할 수도 있다. 이들은 어둠 속에서 헤어나오지 못하는 이를 인도하는 등불의 역할과 포기하고 낙심한 이를 인내하게 하는 소금의 역할도 할 것이다. 이렇듯 삶에서 얻어지는 교훈과 깨달음은 공감하는 이들에게 큰 영향력으로 다가설 수 있는 것이다.

스타 강사 이지영은 이런 글을 남겼다.

"신은 인간에게 선물을 줄 때 시련이라는 포장지에 싸서 주고 큰 선물일수록 큰 포장지에 싸놓는다. 내가 지금 시련이 있거든 내가 하늘의 선택을 받은 자가 아닐까? 생각해보면 어떨까?"

내게 사기와 이혼이라는 시련이 찾아왔다. 나는 자살 시도를 통해 진정한 소중함을 깨달을 수 있었으며 다시 살아갈 희망을 보며 용기도 얻게 되었다. 또한 자신을 더 이상 학대하지 않으며 사랑할 수 있게 되었다. '이 모든 시련은 내게 깨달음을 주려는 신의 선물이 아니었을까? 하늘의 선택을 받은 자기에 크게 쓰임 받기 위한 테스트 과정이 아니었을까?'라고 생각하게 되었다. 그 시련들을 견뎌냈기에 지금 이렇게 희망을 전하며 남들에게 용기를 줄 수 있게 된 것이라 생각한다.

나는 앞으로 신의 쓰임을 받기 위해 더 큰 자로 거듭날 것이란 것도 알고 있다. 우리가 걸어온 모든 길에는 다 이유가 있는 것이다. 그 속에서 깨달음과 지혜를 얻어 앞으로의 길을 더 담대히 걸어 나갈 수 있게 하기 위함이다. 누가 시키지 않아도 제각기 자리 잡아 제 역할에 충실한 들풀처럼 우리는 그렇게 소리 없이 세상을 지탱해나갈 것이다.

07

건디자,
다 지나간다

나는 사기당한 돈을 받아내기 위해 경찰서에 고소장을 접수했다. 고소만 하면 사기당한 돈을 금세 받아낼 수 있다고 생각했기 때문이다. 그렇게 피해자 진술을 하고 기다렸지만, 경찰서에서는 어떤 연락도 해오지 않았다. 갑자기 사기 친 그 사람이 했던 말이 뇌리를 스쳤다.

"현희 씨? 경·검 쪽 내 인맥이 얼마나 넓은 줄 알아요? 고소해도 어차피 나 못 이기니까 괜히 헛수고하지 마요."

정말 그가 경·검 쪽에 손을 쓴 건 아닐까? 나는 불안해졌다. 게다가 그가 경찰 조사에서 내가 자발적으로 투자한 것이지, 자신이 돈을 빌린 것이 아니라고 진술했다는 걸 알게 되었다. 나는 그의 사기죄를 입증하기 위해 증거들을 모으기 시작했다. 먼

어떤 삶을 살든 자기 사랑만큼은 절대 양보하지 마라

저, 그의 미국 소유 재산이 600억 원이라는 말을 함께 들은 사람들에게서 사실확인서를 받아냈다. 또한 가게 인테리어 공사 대금을 받지 못한 사람들에게 증인 진술을 해달라는 부탁도 했다. 그러던 어느 날, 가해자 친구라는 분에게서 전화가 왔다. 친구분은 본인이 가해자에게 직접 돈을 송금한 게 아니어서 같이 고소를 진행할 순 없다고 말했다. 내용을 정리해보니, 가해자의 큰 매형이 총 4억 원을 가해자에게 빌려줬고, 그 친구분은 큰 매형분 명의의 통장으로 1억 원을 송금했다는 것이었다. 나는 그 친구분의 도움으로 가해자의 큰 매형이란 분을 만날 수 있었다.

그분을 만나 이야기를 들어보니, 현재 자기네 집도 풍비박산이 났다고 했다. 미국에 재산이 많다는 것도 모두 거짓말이었다. 미국에서 먹고살기 힘들어 한국에서 사업하려고 한다면서 막무가내로 돈을 빌려달라고 했다는 것이다. 어쩔 수 없이 돈을 빌려주었지만, 그 돈들이 다 어디로 갔는지는 모르겠다는 것이었다. 큰 매형분은 현재 부인과 별거 중이라고도 하셨다. 그는 본인의 가정뿐만 아니라 자기 누나네 가정까지 망가뜨린 것이다. 그분은 자신이 처남을 고소할 수는 없으나, 혹시 본인 진술이 필요하면 언제든 해줄 수 있다고 약속하셨다. 그분도 처남이 죗값을 받기를 바라시는 것 같았다.

검찰청에서 첫 대질 심문을 받게 되었다. 그는 1년 만에 본 내게 사과 한마디 없었다. 여전히 "나는 돈을 빌린 적이 없습니다.

현희 씨가 가게를 운영해보고 싶다며 내게 투자한 것입니다"라고, 내 주장과는 상반된 진술을 할 뿐이었다. 조사관은 그에게 미국의 재산 규모가 어느 정도 되느냐고 물어봤다. 그는 눈도 깜짝하지 않고 "아, 한 50억 원 정도 됩니다"라고 말했다. 이 말이 나중에 자신의 발목을 잡을 줄은 몰랐을 테지만. 사실확인서 등을 제출하고 나오는 내 온몸이 덜덜 떨렸다. 경솔함과 교만 때문에 스스로 내 무덤을 팠다는 생각에 하염없이 눈물이 났다.

그날 이후 가해자가 출석하지 않아 더 이상의 조사는 이루어지지 않았다. 결국, 법원에서는 그에게 수배를 내렸다. 그러고 나서 1년이 지났을 즈음 법원에서 전화가 왔다. 첫 재판 날짜가 잡혔으니 출석하라는 것이었다. 이제야 그의 죗값을 치르게 할 수 있겠다는 생각에, 나는 뛸 듯이 기뻤다. 재판 날, 가해자는 수의를 입은 채 법정에 나타났다. 그 모습을 보고 있으려니 만감이 교차했다. 상대편 변호사의 심문에 나는 거짓 없이 진술했다. 판사님께서는 내게 마지막 발언권을 주셨다.

"저는 이 사건으로 이혼당했으며, 자살도 시도했습니다. 전 현재 소중한 내 아들을 생각하며 힘들게 하루하루를 버텨내고 있습니다. 제 인생을 망쳐놓고도 그는 잘못했다는 사과 한마디 없습니다. 그러니 부디 이 사람이 제대로 죗값을 받을 수 있게 도와주세요."

어떤 삶을 살든 자기 사랑만큼은 절대 양보하지 마라

나는 울음 섞인 목소리로 판사님께 호소했다. 판사님께서는 울고 있는 나를 보며 고개를 끄덕이셨다. 재판이 끝난 후 담당 검사분께서 내게 다가와 이렇게 말씀해주셨다.

"미국에서 한국으로 여권 갱신하러 들어왔다가 공항에서 바로 잡혔습니다. 조사해보니 미국에 재산도 없던데요. 아마 이 부분이 사기죄를 입증하는 증거가 될 것 같습니다. 형은 2년 반 정도 받을 것 같네요."

여권이 만기가 되지 않았으면 한국에 들어오지 않았을 것 아닌가? 어쩌면 하늘에 계신 부모님께서 도와주신 것 같다는 생각마저 들었다.

다음 재판에서는 가해자의 큰 매형분, 공사대금을 받지 못한 인테리어 업자분들이 출석해 진술해주셨다. 나는 일을 해야 해서 결심공판에는 참석할 수 없었다. 다음 날 전화로 재판 결과를 알아보니, 1심에서 5년형을 받았다고 했다. 사기죄치고는 무거운 형량이었다. 너무나 고마운 나머지 나는 고생하신 담당 검찰관께 손편지로 감사 인사를 전했다.

2심 재판은 코로나19로 인해 연기되었다. 발등에 불이 떨어진 건 가해자 측이었다. 누나란 분들이 수원까지 날 찾아오셨다. 구속수사가 진행되는 동안 가해자 아버지는 노환으로, 큰누나는 코로나19로 돌아가셨다는 것이었다. 그러니 불쌍하게 여겨 합의를 좀 해주면 안 되겠냐는 것이었다.

나는 "그 일로 내 인생이 어떻게 됐는데요! 나는 절대로 합의 못 해줍니다"라고 울부짖으며 그 자리를 박차고 나왔다.

고소부터 2심 결심공판까지 3년 반이란 시간이 흘렀다. 그는 법원에 반성문을 제출하면서도 내게는 끝까지 진정한 사과 한마디 없었다. 그때 마음고생한 걸 생각하면 아직도 눈물이 난다. 그래도 진실은 결국에는 가려지게 되는 것 같다. 그는 형벌보다 소중한 가족을 잃은 아픔으로 더 큰 죗값을 치렀는지도 모른다. 가족을 잃은 슬픔은 무슨 말로도 표현할 수 없을 테니까.

우리는 세상을 살아가며 알고도, 모르고도 짓는 죄들이 있다. 그러나 그 죄에 대한 죗값은 어떤 방식으로든 반드시 치르게 되는 것 같다. 그게 바로 인과법칙일 것이다.

나는 책을 쓰기 위해 이 사건을 되짚어보며 불편한 진실들과 마주할 수밖에 없었다. 글쓰기를 통해 언어를 정화하고 해소해야 무의식에 남아 있던 감정들에서 벗어날 수 있는 것이란 걸 책을 쓰며 깨달을 수 있었다. 내 머릿속 전구가 켜진 셈이다. 내 무의식 속에는 사기라는 단어가 트라우마처럼 자리 잡고 있었다. 이 사기라는 단어를 글로 풀어 정화하고 해소하고 나니, 이 언어가 더는 트라우마가 아닌 그저 사기라는 단어로 남게 된 것이다. 이 글을 쓰지 않았다면 나는 평생 사기라는 언어의 트라우마 속에 갇혀 살았을지도 모른다. 나는 이제 더는 사기라는 단어가 불편하지 않다.

어떤 삶을 살든 자기 사랑만큼은 절대 양보하지 마라

이 글을 쓰며 이제는 그를 진심으로 용서해줘야 한다는 것도 깨달았다. 내 마음속에 내 인생을 망친 사람이란 원망으로만 가득 차 있다면, 그를 진정으로 용서하지 못할 것이다. 원인을 제공한 내 잘못도 있는 것이었다. 3년 반이란 시간은 내게도 긴 시간이었지만, 그에게는 지옥과도 같은 시간이었을지도 모른다. 언제 잡힐지 몰라 항상 노심초사하며 살았을 테고, 사랑하는 가족을 둘이나 잃는 큰 아픔도 겪었다. 자신을 반성하는 시간으로는 충분하지 않았을까 생각해본다. 진심으로 그를 용서해주어야 나도 그의 그늘에서 벗어날 수 있다는 것을 깨달았다.

자신을 학대한 나와도 마주했다. 나는 자신이 얼마나 소중한 존재인지 깨닫지 못한 채 내 잘못으로 결혼생활을 망쳤다며 죄책감이란 감옥 속에 가둬두었다. 이런 사실을 깨닫게 되자 나는 내게 한없이 미안해지며 나를 다시 돌아보게 되었다. 나 스스로가 소중한 존재임을 다시 한번 깨닫게 되며 날 사랑해줘야 한다는 것을 알게 되었다. 이 가슴속에 존재하는 사랑을 보게 된 것이다. 이제는 이 사랑의 마음으로 그를 용서하며 그의 행복도 빌어줄 수 있을 것 같다. 원망은 또 다른 원망을 낳지만, 사랑은 베풀수록 내 마음에 더 충만한 사랑으로 채워진다는 걸 깨달은 것이다. 내게 3년 반이란 시간은 끝이 보이지 않는 긴 터널과도 같은 인고의 시간이었다. 그 시간을 견뎌내고 나자 나는 한층 성숙해져 있는 나와 만날 수 있었다.

3장

죽을 때까지
지켜야 할 7가지
자기 사랑 수칙

01___ 남과 비교하지 말고 최고의 나에게 집중하기

초등학교 3학년 때 같은 반 친구 중에 '시민제과' 사장의 딸이 있었다. 그 당시 포항 시내에 자리 잡고 있으며, 포항에서 제일 큰 제과점이었다. 그 아이 부모님께서는 우리 간식으로 빵을 보내주시곤 하셨다. 나는 제과점 빵을 처음 먹어보는 것이라 맛볼 수 있는 것만으로도 마냥 행복했다. 그때 맛본 크림빵은 아직도 기억 속에 남아 있다. 한 날 그 아이가 속이 안 좋다며 토를 하는 것이다. 더럽다며 다 피하는데 나는 그 아이의 토사물을 휴지로 치워주었다. 그렇게 더럽게 느껴지지 않았다. 나는 사실 토사물을 치워주고서라도 그 아이와 친해지고 싶었는지도 모른다.

그 아이가 간식으로 싸 오는 바나나, 귤이 너무 신기했다. 그때는 바나나와 귤이 귀했기에 그걸 먹는 모습이 마냥 부럽기만 했다. 매일 예쁜 원피스를 입고 다니는 그 아이를 보며 동화 속

공주님 같다는 생각을 하곤 했다. 그 아이와 친해지려는 친구들로 인해 그 아이는 항상 친구들 틈 속에 있었다. 그 아이는 항상 자신감에 차 있었고 발랄했다. 또 하굣길에는 그 아이를 태워갈 승용차가 기다리고 있었다. 나는 학교에서 집까지 40분은 족히 걸어가야 한다. 버스조차도 다니지 않는 우리 집을 생각하며 그 아이의 모든 것들을 부러움의 대상으로 삼았다. 집으로 가는 길에 나는 동화 속 공주님이 되어 내게 시중드는 하녀와 궁전 같은 집을 상상하며 가곤 했다. 그러나 집에 도착해보면 동화 속 궁전 같은 집이 아닌 낡고 너저분한 집이 날 기다리고 있었다.

6학년 때 친구가 라디오방송에서 하는 〈우리들은 새싹들이다〉라는 프로그램에 같이 듀엣으로 합창대회를 나가자는 것이었다. 나는 그 친구의 부탁을 거절할 수 없어 노래 실력이 없음에도 같이 나갔던 기억이 있다. 일종의 그 친구 들러리였다. 그때 부른 노래가 '바닷가에서'라는 동요였다.

'해당화가 곱게 핀 바닷가에서
나 혼자 걷노라면 수평선 멀리
갈매기 한두 쌍이 가물거리네
물결마저 잔잔한 바닷가에서'

그 친구와 나는 두 손을 모아 '바닷가에서'라는 노래를 아주 예쁘게 부르려 했다. 심사위원분께서 내게는 "노래 실력을 좀 더

어떤 삶을 살든 자기 사랑만큼은 절대 양보하지 마라

키우고 오세요"라고 하시며 같이 부른 친구만 예선 통과시켰다. 당연한 결과였지만 그 친구가 예선 통과한 것을 축하해주었다.

나는 가정형편이 좋지 않다는 이유로 친구들에게 늘 기가 죽어 있었다. 피아노학원 다니는 친구와 아파트 사는 친구들이 부러웠다. 6학년 선생님께서 집에 전자레인지 있는 사람 손들어 보라 하셨다. 나는 전자레인지가 뭔지 몰랐다. 그런데도 나는 손을 들었다. 선생님께서 나를 보시며 전자레인지가 어떻게 생겼는지 설명을 해보라는 것이다. 나는 가스레인지를 설명했다. 친구들의 비웃는 소리가 들려왔다. 그 일 이후로 나는 더 의기소침한 아이로, 또 존재감 없는 아이로 친구들 틈 속에 남게 되었다. 나는 자존감 없는 나를 착한 아이로 포장하기 시작했다. 그렇게 해서라도 내 존재를 친구들에게 인식시키고 싶었는지도 모른다. 그래서 나는 친구의 토사물을 치워주었고 노래 실력이 없음에도 친구의 부탁을 거절하지 못해 들러리 역할을 해준 것이다.

중학교에 올라가서도 소심한 성격이 고쳐지지 않았다. 나의 착한 아이 포장이 계속된 것이다. 방과 후 아이들과 분식점에 가서도 나는 스스로 먹고 싶은 메뉴는 말하지 못한 채 친구들이 먹자는 대로 먹었다. 또 나는 먹을 때도 항상 입을 모으며 예쁘게 먹으려 애썼다. 왜? 나는 친구들에게 착한 아이로 남아야 하니까….

한 친구가 떡볶이를 먹고 있는 날 보며 이야기했다. "야, 현희

봐라. 우리가 볼 때만 입 모으고 먹고, 우리가 안 볼 땐 쩝쩝거리며 먹는다. 너희들 못 봤지? 저게 착한 척하는 거 나는 다 봤어!"라고 했다. 나는 아무 대꾸도 하지 않은 채 피식 웃으며 여전히 착한 아이로 남아 있었다. 그렇게 해서라도 친구들과 어울리고 싶었는지도 모른다.

학창시절 내내 어려운 가정형편에 사는 나와 부유하고 활발한 아이들과 비교해가며 자신을 존재감 없는 아이로 만들고 있었다. 초등학교 3학년 어린 나이 임에도 다 더럽다고 피하는 친구의 토사물을 치워준 희생정신이 강한 아이였다. 친구들에게 배려심이 많은 아이였다. 그렇지만 나는 우리 집 가정형편만 생각해 자신을 가난이란 굴레 속에 가둬두고 존재감 없는 아이로 낙인을 찍은 것이다. 친구의 거절을 못 해 들러리를 해준 것이 아니라 친구에게 자신감을 느끼게 해주는 역할을 해준 것이다. 얼마나 배려심이 많은 건가? 나는 사랑이 많은 엄마에게서 사랑을 듬뿍 받고 자라 마음이 따뜻한 아이였다. 양보와 배려심이 많았기에 친구들도 많았던 것이었다. 내가 그 친구들이 필요한 것이 아니라 그 친구들이 날 원한 것이었다.

나 스스로가 굴레를 만들어 씌운다면 그 속에서 스스로 빠져나오지 않는 이상 그 굴레에 계속 갇혀 있을 수밖에 없다. 내가 씌운 굴레이기에 그걸 치울 수 있는 사람은 본인 밖에 없다. 그 사실을 빨리 깨닫지 못해 내가 쳐놓은 굴레를 벗기까지 한참이

어떤 삶을 살든 자기 사랑만큼은 절대 양보하지 마라

걸렸다. 내 삶의 주체는 오롯이 자신이다. 이 삶을 살아가는 것도 자신이고, 이 삶을 선택한 것도 자신인 것이다. 내 삶의 주인공이 나라는 걸 빨리 깨닫지 못하면 내가 주연배우가 아닌 엑스트라가 될 수 있다. 나는 학창시절 엑스트라의 삶을 산 것이다. 조금만 빨리 깨달았다면 내 추억 속에는 우울한 기억 대신 활발하게 온 교실을 뛰어다녔던 추억들로 가득 차 있을 것이다.

6학년 때 짝꿍을 자랑하는 시간이 있었다. 내 짝꿍은 "현희는 배려심이 아주 많은 아이입니다. 내 이야기를 아주 잘 들어줍니다. 내가 뭘 잘못해도 화를 잘 내지 않습니다"라고 칭찬해주었다. "둘이 사귀어라. 사귀어라" 하며 친구들은 우리를 놀렸다. 그때 내가 배려심 많은 아이라는 걸 짝꿍의 칭찬 때문에 알게 되었다. 그동안은 스스로 쳐놓은 굴레 때문에 보지 못한 것이었다.

또 중학교 미술 시간에 친구를 도와주다 커터칼에 손을 베이게 됐다. 내가 판 같은 걸 잡아주고 있었는데 친구가 뭘 자르다 잡은 내 엄지손가락 밑에 있는 살을 자르게 된 것이다.
'아 베였네!' 하고 보니 그때부터 피가 터져 나오기 시작했다. 휴지로 피를 막으며 담임선생님과 병원을 갔다. 5바늘이나 꿰맸다. 오른손이라 다 나을 때까지 엄청나게 고생한 기억이 있다. 아직도 남아 있는 흉터를 보며 그때를 회상하곤 한다. 친구에게 화 한번 내지 않고 친구가 미안해하는 걸 괜찮다며 안심시켰다.

어느 교수의 말이 생각난다. 5만 원의 종이 지폐를 꺼내 들고, 이 돈을 갖고 싶은 사람에게 주겠다고 했다. 이 돈을 갖고 싶은 사람 있냐며 손을 들게 했다. 모두가 들었다. 그 돈을 구기면서 다시 물었다. 여전히 모두가 갖고 싶다고 손을 들었다. 바닥에 던지고 밟으며 다시 물었다. 그래도 모두가 가지고 싶다고 했다. 교수가 말을 이었다.

"여러분이 이 돈의 모양과 상태에 대해 상관하지 않고 갖고 싶어 하는 이유가 뭘까요? 그것은 이 돈의 가치 때문입니다. 여러분은 이 돈보다도 더 큰 가치가 있는 사람입니다. 살다 보면 다양한 순간들을 만나게 될 것입니다. 때로는 바닥에 던져진 것 같은 기분이 들 때도 있겠지만 여러분의 가치는 변한 것이 없다는 것을 기억하며 살기를 바랍니다."

돈의 가치는 구기고 던지고 밟혀도 변하지 않는다는 것을 누구나 다 안다. 하지만 자신의 가치는 어떠한 환경에 부딪힐 때마다 남과 환경을 비교해 자신의 가치는 잊어버린 채 구겨지고 밟히게 내버려둔다. 그렇다 보니 남에게 또는 환경에 끌려갈 수밖에 없게 되는 것이다. 자신의 가치는 자신이 나를 인정해줄 때 나타난다. 자신이 남과 환경을 비교해 자꾸 낮추고 비하한다면 자신의 가치는 그 정도 수준이 되는 것이다. 최고로 가치 있고 소중한 자신에게 집중하며 살아보자. 매 순간이 감사와 사랑으로 가득 넘칠 것이다. 모든 세상이 아름답게만 보일 것이다. 왜 나는 세상에 하나밖에 없는 소중한 존재이니까!

어떤 삶을 살든 자기 사랑만큼은 절대 양보하지 마라

02___

과거와
화해하기

우리는 모두 출생해서 성인이 되기까지 다양한 감정 보따리를 모은다. 이렇게 모인 감정 보따리들은 당신의 인격을 좌우하게 된다. 이 감정 보따리들을 풀어 그 속에 뭐가 들어있는지 한 번 볼 필요가 있다. 그 감정 보따리를 계속 이고 가다 보면 무거운 압박감 속에서 벗어날 수가 없다. 자, 이제부터 감정 보따리들을 풀어 필요 없는 감정들을 흘려 보내보자. 그것이 되어야 과거에 있었던 문제들에 대한 집착과 강박 관념들에서 벗어날 수 있다. 진정한 용서가 무엇인지도 알 수 있게 된다. 우리는 과거 속에 있는 자기 자신을 포함한 모든 이들을 용서해야 한다. 용서가 힘들다면 용서한다는 마음이라도 먹어보자. 그럴 때 비로소 그 감정들로부터 자유로워질 수 있다. 또한 용서가 있어야 진정한 사랑도 깨달을 수 있다.

나는 아버지에 대한 미운 감정을 가지고 있다. 과거 엄마와의 부부싸움에서 엄마를 폭행하고 화가 나면 우리에게도 욕을 했다. 내게는 그런 모습이 아버지의 자상한 면보다 더 크게 자리하고 있다. 아버지의 입장에서 한 번도 생각해보지 않았기에 그럴 수도 있다. 할머니와 아버지는 성격이 많이 닮으셨다. 급하고 화도 잘 내시며 융통성 없이 꽉 막히신 분이다. 그런 할머니의 성격을 아버지는 그대로 닮으신 듯하다. 아버지는 할머니께 그런 사랑을 받고 자라셨기에 우리에게도 똑같이 그런 사랑을 주신 것이다. 자신의 속내를 표현하지 못하시고 진정한 사랑으로 자식들을 품지 못하셨다. 사랑표현 방식을 모르신 것이다.

아버지는 우리에게 항상 열 손가락 깨물어 안 아픈 손가락 있냐고 하셨다. 그러면서도 우리에게 한 번도 표현을 못 하셨다. 작은오빠를 자신과 닮지 않았다는 이유로 밥을 굶기고 때리기까지 하셨다. 아버지는 늙으셔서 자신과 제일 닮은 작은오빠를 보게 됐다. 아프실 때 작은오빠가 아버지를 많이 챙겨드렸다. 그리고 손자가 아버지의 외로움을 달래주었다. 뒤늦은 사랑이 손자에게로 간 것이다. 오토바이에 태우고 다니며 금이야 옥이야 아끼셨다. 아버지는 아셨을 것이다. 자신과 제일 닮은 아들을 보며 미안해하셨을 것이다. 아버지의 사랑 방식을 이제 이해해드리고 아버지에 대한 기억의 감정을 바꾸려 한다. 추운 겨울날 칼바람이 불 때도 비가 오나 눈이 오나 아버지는 거리를 청소하셨다. 가장의 책임을 다 하기 위해 최선을 다하신 것이다. 먹고 살기 바빠 자식들에게 따뜻한 말 한마디 못하셨다. 그런 아버지를 이해하며 돌아가신 아버지께 이제라도 감사 인사를 드린다.

"아버지 감사합니다. 아버지의 사랑 방식으로 인해 더 큰 사랑의 뜻을 깨닫게 되었습니다. 나 또한 아버지께 사랑합니다. 말 한마디 못 해드렸네요. 아버지를 미워했던 감정들을 다 내려놓으려 합니다. 표현하지 못하신 그 마음 다 이해합니다. 아버지의 따뜻한 마음을 이제는 느낄 수 있습니다. 저희를 위해 고생하신 아버지 감사하고 감사합니다. 그리고 아버지 사랑합니다."

나는 이제라도 아버지에 대한 미운 감정들을 다 털어낼 수 있게 됨에 정말 감사하다. 부모님은 나의 뿌리다. 그분들이 주신 DNA가 내게 고스란히 들어 있다. 부모님에 대해 좋지 않았던 감정들을 계속 안고 있다면 자신도 인정하지 못하며 사랑하지 못한다. 자신을 진정으로 사랑하기 위해 이제 자신을 용서해야 한다. 나는 과거에 잘못된 행동들로 인해 어긋나버린 내 인생을 후회와 죄책감 속에서 보내왔다. 이제는 놓아줘야 한다. 내가 나를 가두었기에 닫혀 있던 내 마음을 열 수 있는 것도 자신이다. 닫혀 있던 마음의 문을 열어 세상을 향해 나아갈 수 있게 활짝 열어졌어 보자.

나는 이혼 후 괴로움을 달래기 위해 술에 의존하며 살았다. 술을 마실 땐 괴로움을 잊을 수 있었기에 술을 마시며 신세 한탄을 하곤 했다. 그 신세 한탄들은 내게 부정적인 모든 것들을 끌고 왔으며 안 좋은 상황들을 연속해서 만들었다. 포장마차를 하며 그러한 것들이 정점에 치달았고 나는 해서는 안 될 선택까지 하게 된 것이다. 모든 현실에서 도피하고 싶었다. 자신의 무능력함을 인정하기 싫었고, 가진 것이 아무것도 없다는 사실을 받아들이기가 싫었다. 내게 처한 상황들을 받아들이기까지 많은 시간이 필요했다.

정작 남편 그늘 밑에 있을 때는 소중함을 알지 못했다. 혼자 세상을 나와보니 만만치 않음과 호락호락하지 않음을 알게 되었다. 그때는 그것도 인정하기가 싫었다. 사기 받은 돈만 받으면 모든 문제가 다 해결되리라는 믿음만 가지고 있었기에 모든 시야가 흐려져 있었다. 사기라는 것을 인정하는 것도 힘들었다. 남편의 끈질긴 설득으로 경찰에 고소장을 접수할 수 있었으며, 비로소 내가 사기당한 것임을 인정하게 되었다. 또한 내 잘못을 인정하지 않아 남편과 아들에게 많은 상처를 줬었다. 나의 교만함과 경솔함으로 너무 큰 잘못들을 저지른 것이다. 조금만 일찍 깨달았다면 남편과 아들에게 그렇게 많은 상처를 주지 않았을 것이다. 내게 해서는 안 될 행동까지 하지 않았을 것이다. 수많은 고난과 시련들을 겪고 나서 그 소중함을 깨닫게 되었다.

나는 몸과 마음이 황폐해져 있었다. 그러기에 장사도 손에 잡히지 않았으며, 아무런 희망이 보이지 않았다. 희망이란 나 스스로가 만들어야 함을 알지 못했다. 자책과 후회만을 되풀이했다. 희망의 끈을 내게서 찾으려 하지 않고 외부로 시선을 돌렸다.

어떤 삶을 살든 자기 사랑만큼은 절대 양보하지 마라

나는 점쟁이를 찾아다니며 언제쯤 돈을 받을 수 있는지 물으러 다녔었다. 지금 생각하면 참 어리석은 행동들이지만 정작 그 당시에는 내가 쳐놓은 울타리 안에 갇혀 있었기에 아무것도 볼 수 없었다. 그때 한 보살님이 "니는 왜 혼자 다니지 저승사자를 데리고 다니니?" 했던 것이 생각난다.

그때가 자살 시도하고 얼마 지나지 않았을 때다. 나는 순간 섬뜩했다. 그때 당시만 해도 우울감에서 벗어나지 못해 자살 충동이 계속 들 때였다. 그 충동들을 달래기 위해 술을 마시는 악순환이 되풀이되고 있었다. 순간 한순간의 실수로 정말 아까운 목숨을 잃을 수도 있겠단 생각이 들었다. 나는 그렇게 자신을 혹사하고 있었던 것이다.

《기적의 과정》이라는 책에서는 용서가 거의 모든 문제의 해답이라고 밝히고 있다. 우리가 과거에 사로잡혀 있다면 더 많이 용서해야 한다는 뜻일 수도 있다. 나도 자신의 과거 속에 사로잡혀 날 용서하지 못한 채 죄책감 속에 수많은 날을 보내왔다. 스스로 후회, 슬픔, 상처, 두려움, 비난, 분노라는 감정만 키우고 있었다. 이제는 이러한 과거들의 상태를 모두 용서할 것이다. 그리고 오로지 현재에 있는 날 사랑할 것이다. 사랑은 모든 것을 치유할 수 있는 능력이 있다.

내게 이런 시련들이 있었기에 지금의 성숙해져 있는 내가 있는 것이다. 나는 부모 그늘에서 남편 그늘에서 보호받으며 살았기에 그들의 소중함을 알지 못했다. 이러한 일들을 겪고 나니 비로소 소중함을 깨닫게 되었으며 내 잘못들도 알게 되었다. 잃어봤기에 값지다는 것도 알게 된 것이다.

나는 지금 나 자신을 '그 힘든 세월! 잘 견뎌줘서 고마워. 많이 힘들었지? 이제는 괜찮아! 그만큼 성숙해졌으니 앞으로는 좋은 일들만 있을 거야! 씩씩하게 다시 걸어가는 거야! 할 수 있지!' 라고 다독인다.

나는 다시 나아간다. 이제는 내게 희망찬 일들만 가득하다는 것을 알기에 모든 일이 감사하며 또한 모든 상황은 내게 주어진 기회들인 것이다.

우리는 지구별에 올 때 모든 것을 다 계획하고 왔다. 그러기에 과거에 너무 얽매여 괴로워하지 말자. 내가 다 계획한 일들이며 깨달음을 얻기 위한 과정인 것이다. 그 일들로 깨달음과 지혜를 얻지 못하면 똑같은 일들이 되풀이된다는 것을 알아야 한다. 우리의 삶들은 다 내가 선택해서 이루어진 일들이기에 너무 부정적으로 생각할 필요도 없다. 죄책감에 휩싸여 과거에서 벗어나지 못한다면 그것만큼 어리석은 일도 없을 것이다. 오늘의 내가 있기 위한 과정이기에 지나간 일에 미련을 두지 않아도 된다. 과거에서 완전히 벗어나 오늘 나에게 집중하자. 지금 현재에 내가 있음에 감사하며 모든 것들을 온전히 나로 받아들일 때 우리에게는 사랑과 감사가 충만한 삶들로 가득해질 것이다.

어떤 삶을 살든 자기 사랑만큼은 절대 양보하지 마라

03___

조금씩 변화하는
나를 믿기

수원에 처음 왔을 때만 해도 나는 심리적으로 상당히 불안한 상태였다. 나 스스로가 모든 것을 내려놓고 현실을 받아들이기까지 많은 노력이 필요했다. 20년의 결혼생활은 내게 경제적인 안정감을 허락했었다. 하루아침에 모든 것을 다 잃고 밑바닥부터 다시 시작한다는 것은 결코 쉬운 일이 아니었다. 그나마 친구의 도움으로 회사기숙사에서 생활했기에 방세가 나가지 않은 것은 정말 감사한 일이었다. 출근해 앞치마를 두르고 작업화를 신은 내 모습을 볼 때면 초라함에 지난날에 대한 후회가 밀려왔다. 퇴근 후 집으로 돌아오면 아무도 없는 외로움과 쓸쓸함을 견뎌야 했다. 3평 남짓한 원룸에 누워 천장을 바라보고 있노라면 희망보다는 우울감이 밀려왔다. 앞날에 대한 불안감으로 인해 늘 두려움에 갇혀 있었다. 이런 생활을 하던 중 나는 스스로 변하지 않으면 이 우울감과 불안감에서 벗어나지 못할 것이란 걸 알게 되었다. 먼저 과거를 내려놓아야 했다. 집착에서 벗어나 현실을 직시해야 했다. 이제 더 이상 과거에 얽매이지 않기 위해 예전 연락처들도 다 지워버렸다. 불안감을 극복하기 위해 나는 스스로 확신하기로 마음먹었다.

'나는 매일매일 좋아지고 있으며 나의 미래는 찬란하게 빛나며 나를 기다리고 있다.'

나는 이렇게 스스로 주문을 걸었다. 나는 매일매일 좋아지고 있어. 모든 게 다 잘될 거야. 이렇게 나는 새로 개척해나갈 미래에 대해 확신하게 되었다. 새로운 인생이 기다리고 있음에 희망의 문을 두드리기 시작했다. 불안과 우울도 습관이 된다. 걱정과 두려움으로 인한 결과물들인 것이다. 미래에 대한 불확실성으로 인해 염려가 과해지게 된다. 나 또한 하루에도 수십 번 일어나지도 않은 미래에 대해 걱정과 근심으로 가득한 생각들로 꽉 차 있었다. 이러한 생각 끊어내기를 먼저 시작해야 했다. 그 생각들이 꼬리에 꼬리를 무는 것이다. 《생각 중독》이라는 책에는 이런 문구가 있다.

"걱정이란 내일의 검은 구름으로 오늘의 햇빛을 가리게 하는 것이다. 걱정은 내일의 슬픔을 덜어주는 것이 아니라 오늘의 힘을 앗아갈 뿐이다. 또한 걱정하는 일 중 대부분은 실제로 일어나지 않는다."

어떤 삶을 살든 자기 사랑만큼은 절대 양보하지 마라

나 또한 불안한 미래로 인해 쓸데없는 걱정과 생각들로 가득 차 있었다. 이런 생각을 끊어내지 못한다면 절대 불안과 두려움에서 벗어날 수 없을 것이다. 오늘 현재에 집중하며 하루가 주어짐에 감사함으로 하루하루를 살아간다면 우리에게는 불안한 미래보다는 희망에 가득한 미래들로 가득할 것이다. 나는 스스로 홀로서기를 당당하게 해낼지 몰랐다. 많은 고난을 겪으며 세상을 혼자 살아간다는 것이 결코 만만한 일이 아니란 걸 알기에 겁도 나고 용기도 잃곤 했었다. 하지만 내게는 선택의 길이 없었기에 치열하게 살아갈 수밖에 없었다. 손가락질당하지 않기 위해 남에게 폐를 끼치지 않기 위해 노력했다. '내가 조금 더 희생하면 되지' 하며 양보하며 살았다. 그러면서 나는 차츰 홀로서기에 적응하며 당당해졌다. 그러니 주변 환경이 달라지며 내게 기회도 찾아오게 된 것이다. 나를 믿고 나아가니 모든 상황이 변하기 시작했다. 나는 수원에 처음 왔을 때 친구인 주방장에게 배운다는 게 힘이 들었다. 처음 요식업을 하는 나로선 호된 교육이 되었다. 친구라며 스스럼없이 지내다 갑자기 상사가 돼버리니 친구를 대하는 태도도 바뀔 수밖에 없었다. 그 친구는 내게 하나부터 열까지 다 가르쳐야 했기에 본인도 힘이 들었을 것이다. 대용량 음식을 해본 적도 없던 나는 출근 첫날부터 많은 양의 장아찌와 나박김치를 담가야 했다. 그 친구는 처음부터 아주 깐깐하게 교육을 했다. 대강이 없는 스타일이었다. 친구의 그런 성격으로 나는 칼 잡는 법부터 채소 손질법까지 기초부터 모든 걸 배울 수 있었다. 지금의 나를 있게 해준 정말 고마운 친구다.

그곳에서 적응해나갈수록 나는 점점 희망을 찾기 시작했다. 외로움에 술을 찾았던 습관들도 당연히 고칠 수 있었다. 무엇보다 근로의 대가로 월급을 받는 기쁨이 컸다. 자신의 가치를 인정받는 기준이었기에 뿌듯할 수밖에 없었다. 친구가 구미로 내려가고 나서 나는 제대로 인정을 받기 시작했다. 친구의 철저한 교육 덕에 나는 많이 성장할 수 있었다. 하나하나 입지를 다져나가며 나의 존재감을 드러내기 시작했다. 반찬들도 나만의 스타일로 만들 수 있었으며, 엄마가 집에서 해주는 집밥 스타일의 반찬들을 손님들께서는 좋아하셨다. 처음 시작할 당시만 해도 내가 과연 이 큰 매장의 반찬들을 다 해낼 수 있을지 두려움이 컸지만, 하면 할수록 자신감이 붙고 나만의 스타일을 찾을 수 있었던 것은 나를 믿고 나만의 능력을 확신했기 때문이다. 우리는 누구나 무한한 잠재능력을 가지고 있다. 신께서 주신 그 잠재력을 믿고 매사에 긍정적인 마음과 감사한 마음을 가질 때 그 잠재력은 발현될 수 있는 것이다.

독일의 심리학자이자 비즈니스 관계 전문가인 옌스 바이드너(Jens Weidner)는 저서 《지적인 낙관주의자》에서 이렇게 이야기했다.

"세상 모든 사람이 나를 믿어줄 필요는 없다. 내가 해낼 것을, 마침내 이룰 것을 자신이 믿어주면, 내가 나를 믿어주면, 그것으로 충분하다."

자신에 대한 믿음을 갖는다는 것은 자신감으로 연결되며 어떤 공격과 비난도 거뜬히 소화할 수 있도록 도와준다. 어디서든 자신을 돋보이게 표현할 수 있는 능력도 키워주며 어떠한 상황에서도 변화를 이끌 수 있으며, 이것은 미래에 대한 희망으로 연결된다. 스스로 대견해져가는 자신을 믿고 다독여주자. 분명 하루하루가 변화될 것이며 삶의 매 순간이 행복으로 가득 차게 될 것이다.

어느 교수는 강의에서 작은 컵에 물을 담고 "이 컵의 무게가 얼마나 될까요?"라는 질문에 학생들은 각각 대답했다. 그 교수는 이렇게 대답했다.

"이 컵의 무게는 여러분이 얼마나 오래 들고 있느냐에 따라 달라집니다. 이 작은 컵을 온종일 들고 있다면 어떨까요? 아마도 팔이 저리고 손가락에는 힘이 점점 빠져서 그 컵의 무게가 한없이 무겁게 느껴질 것입니다. 여러분이 살면서 갖게 되는 마음의 근심과 걱정은 어쩌면 이 컵보다도 작은 것일 수 있습니다. 그러나 그 근심과 걱정을 온종일 가지고 있거나 며칠을 가지고 있게 된다면, 그 근심과 걱정은 더 커지고 무거워질 것입니다. 빨리 내려놓아야 합니다. 짐이 되지 않게…. 이 말을 반드시 기억하며 살아가시기 바랍니다."

지금의 처한 환경에 근심과 걱정하기보다는 내가 잘 헤쳐나갈 수 있으리라는 믿음으로 나아갈 때 분명 결과는 달라질 수밖에 없는 것이다. 나 또한 막막했던 현실에서 변화되고 있는 자신을 믿고 긍정적인 사고로 전환하니 환경들이 바뀌게 되었다. 대표님께서 인정한 직원이 되었으며 없어서는 안 되는 존재감 있는 직원으로 성장했다. 이후에도 대표님께서는 내게 많은 업무를 지시하셨고 나는 그런 대표님으로 인해 더 발전할 수 있는 계기가 되었다. 이런 변화들이 모여 새로운 미래가 창조되는 것이다. 꿈과 희망이 가득한 새로운 미래로 나아가는 길인 것이다. 그 이면에는 조금씩 변화하고 있는 자신을 믿어주며 기다려주는 것이다. 성장 속도는 누구나 다를 수밖에 없다. 끈기를 가지고 매 순간에 임한다면 분명 성장할 수밖에 없는 것이다. 생각과 감정을 다스리는 것은 쉬운 일이 아니다. 그렇지만 스스로 가지는 생각과 감정들을 다스리지 못한다면 그 생각에 내가 끌려갈 수밖에 없게 된다. 그 생각의 끝에는 항상 자신감에 차 있는 자신을 상상해보자. 어떤 시련이 와도 헤쳐나갈 수 있는 자신감으로 똘똘 뭉쳐있는 자신을 상상하며 임할 때 못 헤쳐나갈 시련이란 없다.

  인생의 무게를 나 혼자 다 짊어지고 있다고 생각하지 말자. 오히려 그런 생각들이 자신을 불안 속에 가두는 것이 될 수 있기 때문이다. 혼자서 다 헤쳐나가야 한다는 부담감으로 인해 두려움과 불안을 만들어낸다. 내게 주어진 일에 최선을 다하다 보면 분명 현재 상황들은 변화될 수밖에 없는 것이다. 내가 조바심을 내 미래의 불확실성만 생각한다면 그것처럼 어리석은 일도 없

어떤 삶을 살든 자기 사랑만큼은 절대 양보하지 마라

을 것이다. 나도 수원 와서 빨리 자리 잡아야 한다는 집착에 사로잡혀 있었는지도 모른다. 그러기에 두려움과 불안 속에서 조바심을 가진 채 생활하고 있었다. 그러기에 늘 우울하며 불안해 불면을 이루는 날이 많았었다. 이는 자신을 못 믿었기에 나타난 결과들이었다. 이제는 그 모든 것들이 나에게서 나온다는 것을 알기에 나는 늘 변화되고 있는 자신을 믿으며 응원해준다. 새로운 삶으로 나가기 위해 오늘도 한 걸음 한 걸음 최선을 다해서 걸어가고 있다. 이런 내가 뿌듯하다.

있는 그대로의
나를 사랑하자

현재의 자신을 인정하고 받아들여야만 우리의 인생이 긍정적으로 변할 수
있다.

_ 루이스 L. 헤이(Louise L. Hay)

"안녕, 현희야. 사랑해."

거울 속에 있는 나를 향해 환하게 웃으며 하루를 시작한다. 눈
가에 깊이 팬 주름과 잔주름들, 팔자주름 등 어느덧 세월의 흔
적이 얼굴 곳곳에서 보인다. 지금은 이 주름들을 보고 있자면
행복감에 젖어든다. 지난 세월을 잘 견뎌준 영광스러운 주름들
이기에 이 주름들을 사랑스럽게 만질 수 있다. 이 주름들을 만
지고 있다 보면 자연스럽게 늙어간다는 것이 어떤 것인지도 느
낄 수 있다.

자신을 사랑한다는 것은 나의 못난 부분들까지도 다 사랑스

럽게 보일 때 가능해지는 것이다. 과거 나는 그렇지 못했던 때가 있었다.

나는 눈썹이 연한 것과 코가 낮은 것이 콤플렉스였다. 요즘 눈, 코는 성형 축에도 끼지 않지만, 우리 어렸을 때만 해도 성형수술이 흔하진 않았다. 고 2 겨울방학 때 한 친구가 코 수술을 했다. 우리는 궁금해서 그 친구 집을 찾아갔다. 코에는 보호대와 붕대를 감고 있었고 눈 주변으로는 다 붓고 멍들어 있었다.

"안 아프나?"라고 물었더니 친구는 아파서 대답도 하지 못하고 있었지만, 너무 좋다고 했다. 그 친구도 코가 낮은 것이 콤플렉스였기에 엄마가 겨울방학 때 수술을 시켜준 것이었다. 나도 너무 하고 싶어 병원 가서 견적을 받아봤다. 그때 수술비가 100만 원 정도였던 것 같다. 나는 안 되는 줄 알면서도 엄마에게 이야기했다. 당연히 철딱서니 없다는 말만 돌아왔다. 그때부터 나는 코 수술이 버킷리스트가 되었다.

남편은 얼굴에 손대는 걸 무척이나 싫어했다. 눈썹 문신조차도 못하게 했다. 나는 포항에 아들을 맡겨뒀을 때 포항에서 남편 몰래 눈썹 문신을 받았다. 나는 처음 받는 것이라 하고 나서 어떤 상태가 되는지 몰랐다. 시술 후 거울을 보는데 짱구 눈썹인 것이다. 이건 감출 수가 없었다. 당장 화낼 남편 얼굴이 떠올랐다. 하는 수 없이 전화를 걸어 눈썹 문신한 것을 이야기했다.

"집에 들어오지 마"라고 예상했던 말이 돌아왔다. 안 들어갈 순 없고 두근거리는 마음으로 집에 들어갔다. 화가 무척 난 얼굴로 날 쳐다보지도 않았다. 나는 좀 서러웠다. 내가 큰 잘못한 것도 아닌데 눈썹 문신한 거로 저렇게 화낼 필요까지 있을까? 눈썹 문신 하나도 내 마음대로 못한다는 게 말이 안 되는 상황으로만 여겨졌다. 며칠간 서로가 말도 하지 않은 채 지낸 기억이 있다.

남편의 고종사촌은 같은 시골 마을에 살고 있었다. 어느 날 고종사촌 형수가 쌍꺼풀 수술을 하고 왔다. 사촌형이 쌍꺼풀 수술을 하라고 돈까지 줬다는 것이었다. 그 사촌형은 엄청 짠돌이였기에 의아하기만 했다. 나도 코 수술하게 해달라며 남편을 졸랐다.

"생긴 대로 살아!" 돌아오는 건 냉담한 말 한마디였다. 남편은 생긴 대로 자연스럽게 사는 게 바르다고 생각하는 주의였다. 수술비가 없어서 못 하는 것이 아니라 안 하는 것이라고 내게 강조하곤 했었다. 외면을 가꾸기보다 사람은 내면이 중요하다고 생각하는 사람이었다. 하지만 나는 코 수술을 너무 하고 싶은 마음이 계속 커져만 갔다.

나는 이혼 후 친구의 소개로 충전물 시술하는 곳을 가게 되었다. 코 수술은 제약이 크기에 코에 충전물을 맞기로 했다. 시술이 끝나고 나 거울을 보는데 만족감에 들떠있는 내 모습이 비쳤다. 그때 기분은 날아갈 것만 같았다. 얼마나 해보고 싶었던 건지, 코 수술을 한 모습을 얼마나 상상했는지 모른다. 평생 소원을 이룬 기분이었다. 그렇게 못 하게 말렸던 남편이 원망스럽기만 했다. 나는 수원으로 올라와 S푸드를 그만두고 쉬고 있을 때 평생소원인 코 수술을 하기로 했다.

수술하기로 한 날 나는 혼자서 씩씩하게 갔다. 수술 후 마취에서 깨어났는데 하나도 안 아픈 것이었다. 수술하긴 한 건가 싶을 정도였다. 거울을 보니 붓기도 없었다.

'간단하네. 하나도 안 아프네' 하고 기분 좋게 버스를 타고 집으로 오는데 그때부터 통증이 밀려오기 시작했다. 욱신욱신 쑤시는데 코가 떨어져 나갈 것만 같았다. 통증은 만 하루 정도 계속됐던 것 같다. 나는 고통을 잘 참는 편이라 견딜 만했다. 코 수술을 하고 나니 다른 부분들이 눈에 들어오기 시작했다. 인간의 욕심은 끝이 없는 것 같다. 눈가 주름과 팔자주름들이 신경 쓰이기 시작한 것이다. 그때부터 보톡스를 맞기 시작했다.

내 기준이 외면으로 향할 때 그 욕망은 끝이 없는 것이다. 그 욕망을 채우다 보니 진정 자신의 내면은 바라보지 못하게 된다. 내 안에 있는 소중한 자아는 머리부터 발끝까지 나인 존재 자체를 사랑한다. 그냥 사랑스럽게 여기고 있다. 그렇지만 내면의 소리에 귀 기울이지 않는다면 듣지 못하는 것이다. 나도 내 외면만을 보며 가꾸고 살았었다. 살다 보니 그것이 틀렸다는 것을 알게 되었다. 내가 나인 존재 자체를 사랑해줘야 한다는 것을 알게 된 것이 다. 이제는 보톡스조차 맞지 않는다. 그냥 자연스럽게 늙어가는 모습이 사랑스럽기만 하다. 그 세월의 흔적이 느껴져 내가 더 대견스럽게 느껴진다. 이제는 애정 어린 눈길로 주름들을 볼 수 있다.

있는 그대로의 나를 사랑하게 되니 타인을 대하는 인식도 바뀌게 되었다. 타인의 단점보다 장점들이 먼저 보이게 되며 그 사람의 인생을 나 스스로 평가하지 않게 되었다. 우리 모두는 소중한 존재들인 것이다. 각자 저마다의 삶과 인생이 있다. 그것은 신성한 것이다. 그 신성을 다른 사람의 잣대로 평가해서는 안 된다. 그 인생의 주인공은 오롯이 자신인 것이다. 또한 내가 어떤 삶을 살든 그것은 내가 감당해야 할 몫인 것이다.

또한 있는 그대로의 나를 사랑하게 될 때라야 나의 단점까지도 나로 인정할 수 있게 된다. '나에게 이런 면도 있었네!'라며 그 단점들을 자연스럽게 받아들일 수 있다. 그렇게 되니 스스로 상처받는 일들이 적어지게 되었다. 자신을 감옥 속에 가두는 일들이 줄어들게 된 것이다. 나의 단점까지도 인정하며 나로 받아들일 수 있을 때라야 다른 사람들의 단점들도 그 사람 자체로 인정하며 사랑해줄 수 있는 것이다.

우리는 모두 신의 자녀들이며 신께서는 자신을 닮은 우릴 너무나 사랑하신다. 나도 나 자신을 사랑하지 못할 때가 많았다.

어떤 삶을 살든 자기 사랑만큼은 절대 양보하지 마라

그렇다 보니 세상에 치이고 풍파에 찌들며 내 내면은 상처로 너덜너덜해졌다. 나 자신을 사랑하지 못해서 일어난 일인 것이다. 중심을 잃으니 사람들의 장단에 맞춰 춤추는 어릿광대 같은 삶을 살게 된 것이다.

이 세상에서 제일 아름다운 것은 무엇인가? 그건 바로 당신이다. 이 우주에서 제일 아름답고 신비로운 것은 바로 당신 자신이다. 자기 자신에게서 진정한 아름다움을 발견하는 것이 인생을 살며 느껴야 할 깨달음일 것이다. 자신 안에 있는 참사랑을 느낄 때라야 내 안의 있는 신성과도 만날 수 있다. 내 가슴 안에서 '콩닥콩닥'거리는 심장 소리를 들어보라. 나는 47년을 이 소리를 듣지 못한 채 살았다. 지난날의 고통과 아픔들만 생각하며 자신을 자책하며 살아왔기에 내 내면에서 노크하는 소릴 듣지 못한 것이다. 나의 내면은 끊임없이 내게 이야기하고 있었다.

"현희야. 넌 세상에서 제일 아름다운 존재야. 신께서는 자신을 닮은 널 제일 사랑하셔. 그러니 넌 정말 소중한 존재라는 것을 잊지 말고 너 자신을 사랑해주렴."

자신을 아름답다고 생각하지 않는다면 이 세상 그 무엇도 아름답다고 생각하지 못하게 된다. 자신에게서 진정한 아름다움과 사랑을 발견한다면 그 사랑이 넘쳐 나눠주지 않고는 못 배기게 되는 것이다. 오늘 하루도 소중한 내게 감사하며 사랑을 실천하는 자가 되어보자.

사랑은 나눌수록 배가 되어 내게 돌아온다. 얼마나 감사한 일인가? 내가 보내는 사랑의 파동들이 널리 퍼져 세상에서 선한 영향력을 끼치고 있다. 눈을 감고 느껴보자. 내 가슴에서 울리고 있는 사랑의 에너지를…….

어떤 삶을 살든 자기 사랑만큼은 절대 양보하지 마라

05___

누구나 마음속에 상처받은 내면 아이가 있다. 이 상처받은 내면 아이는 무의식과 관련되어 있다. 순수한 상태인 어린 시절 받은 상처들은 무의식에 자리 잡게 되어 결국 트라우마로 연결된다. 우리는 본능적으로 이러한 상태들을 의식적으로 회피하려 한다. 겉으로는 아무런 문제가 없는 듯 살아가지만, 마음 깊은 곳에 있던 뭔가 모를 불안, 외로움, 답답함, 우울함 등의 감정들이 올라올 때면 괴로움을 겪게 된다. 이런 근본적인 원인을 해결하기 위해 우리는 상처받은 내면 아이를 만나 치유를 해주어야 한다.

나는 어린 시절 부모님이 싸우시는 모습을 보며 아버지가 엄마께 보인 폭행이 트라우마로 자기 잡고 있었다. 아버지가 술을 드시고 오시는 날이면 두근거리는 심정으로 늘 불안함을 느끼곤 했다. 아버지에 대한 미운 감정들과 엄마에 대한 연민으로 늘 가슴 한쪽이 저렸다. 이러한 불안함은 커서도 없어지지 않았다. 화가 나서 말하는 남편을 보면 가슴부터 두근거려오기 시작했다. 짜증 섞인 얼굴을 보는 것조차 힘이 들었다. 뭐라고 항변하고 싶었지만, 남편 앞에만 서면 말이 나오지 않았다. 그저 마음속으로만 삭히고 삭히다 보니 내 내면 아이는 곪아 터질 지경까지 가게 된 것이다. 흔히 말하는 화병이 생긴 것이다. 속 시원히 이야기하고 싶었지만, 말이 나오지 않았다. 나를 좀 이해해 달라고 이야기하고 싶었지만, 눈물이 먼저 나와서 말을 할 수가 없었다. 나의 잘못으로 이혼을 했기에 지금은 더 이야기할 수가 없다. 이 저며오는 마음을 달래주어야 한다. 그렇지 않고는 내 내면 아이는 더 깊은 곳으로 숨어버릴 것이다.

'내 속에 있는 내면 아이야. 이제야 널 만나게 돼 많이 미안해. 여태까지 말 못 하고 삭히고 있었던 감정들 이제는 다 쏟아내 봐. 외면하고 모른 척하고 지내온 세월만큼 넌 얼마나 외롭고 힘들었니? 이제야 네 이야기를 들어줄 여유가 생겼어. 잘 살아야 한다는 강박관념 속에 사로잡혀 널 챙기지 못하고 너무 앞만 보며 갔지. 토라져 있는 널 보니 내가 많이 미안해진다.'

상처받은 내 마음 하나 보듬어주지 못한 채 주변인들을 챙긴 내 모습이 참 부끄러울 따름이다. 왜 자신을 자꾸만 감옥 속에 가두며 살았는지 모르겠다. 나는 내면 아이에게 물어본 적이 없

어떤 삶을 살든 자기 사랑만큼은 절대 양보하지 마라

다. 그가 낸 목소리에 귀 기울여본 적이 없다. 내 내면에 작은 아이가 불안해하며 웅크리고 있는 모습이 아른거려 눈물이 난다. 작고 여린 아이는 세상 풍파에 찌들어 온기를 잃어가고 있다. 아이에게 영양분은 공급하지 않은 채 나쁜 감정의 불량식품만 제공했다. 사랑과 행복이라는 영양분이 절실히 필요해보인다. 왜 나는 이런 내면 아이를 외면한 채 주위 사람들을 챙기며 그들이 내는 목소리에만 집중하며 살았을까? 이는 내가 그들에게 좋은 이미지로 남고자 한 내 욕심의 결과일 것이다.

나는 스스로 사기당한 이유도 내 내면에서 내는 소리에 집중하지 않은 채 겉모습에만 치장하려는 허영심에서 비롯되었다. 내 안에서 만족을 찾지 못하며 과시하려 했던 이기적인 마음이 작용한 것이다. 세상의 어둠은 이러한 상태를 잘 파고든다. 나약해지고 허영심으로 가득 차 있는 마음을 꿰뚫어보고 있다. 그런 어둠이 던진 미끼를 아무 의심 없이 덥석 문 것이다. 이것은 누구의 잘못도 아닌 내 잘못이다. 내 안의 진실은 보지 않은 채 세상 밖 허상만 바라보다 생긴 일이다.

내가 가진 것에 대해 감사할 줄 모르는 마음이 컸다. 또한 상처받은 내면 아이를 보듬어 주지 않으니 그 속에 외로움과 허전함 마음만 가득 채워지게 되었다. 그런 외로움과 허전함을 달래기 위해 남들에게 잘 보이려는 욕망이 올라오게 된 것이다. 이러한 욕망으로까지 가지 않기 위해 우리는 그때그때 내 내면 아이를 보듬고 달래주어야 한다. 나의 내면에 사랑과 행복이라는 충만한 감정들을 채워주지 못하면 결핍된 감정들이 나타나게 된다.

《딸에게 보내는 심리학 편지》라는 책에 이런 내용이 있다.

'우울은 지금 내가 힘들다고 외치는 마음의 소리다. 내가 나를 너무 차갑게 바라봐서, 자신을 너무 엄격하게 대해서, 지금 내가 아프다고 알리는 외침이다. 실수를 용납하지 않는 부모 밑에서 자라는 아이들이 호기심을 잃고 매사에 경직되듯이, 내 안의 감시자 역할이 너무 커져서 세상을 살아가는 생동감과 기쁨이 사라지고 있다는 경고 신호다. 그러니 잠시 삶의 속도를 줄이고 나와 내 삶을 돌아보는 시간을 갖는 게 좋다.'

나는 내면에서 보내오는 신호를 무시해서 우울증을 키웠다. 우울증은 무기력감을 동반하기에 삶의 희망을 찾지 못하게 한다. 그것은 자기학대로까지 이어지게 한다. 우울증은 불안장애와 불면까지도 동반한다. 나는 수년간 불면에 시달려왔다. 불면은 삶의 질을 떨어뜨리는 것은 물론 건강까지도 해친다. 그러다 보니 자연스럽게 약을 찾게 되고 의존하게 된다. 의존이 중독으로까지 이어진다. 이 모든 것들이 내 속에 있는 감정들을 다 오픈하지 못한 결과인 것이다. 처음에는 그 감정들을 마주하는 것이 두려웠다. 내 속에 있는 또 다른 나를 꺼낸다는 것이 쉽지만은 않았다. 하지만 그 감정들과 마주하지 않으면 근본적인 원인이 해결되지 않는다.

어떤 삶을 살든 자기 사랑만큼은 절대 양보하지 마라

'왜 싫은 걸 싫다고 표현하지 못하고 참고 살았을까? 왜 내 행복보다 다른 사람이 즐거워하는 것이 더 행복하다고 느끼며 살았을까? 왜 내 속에 있는 나를 보지 못한 채 다른 사람 눈치만 보며 살았을까? 왜 내가 좋아하고 즐거워하는 일을 하지 못하고 상황을 보며 안 된다고 판단하며 살았을까? 왜 자신의 한계로 많은 일을 포기하며 살았을까? 나는 더 꿈꾸며 더 클 수 있는 존재라는 것을 깨닫지 못했을까?'

내 속에 있던 감정들을 쏟아내고 나니 정말 쉬운 일이었음을 깨닫게 되었다. 마음속 응어리들을 간직한 채 수년을 살아온 내게 이제는 새로운 감정들이 싹트기 시작했다. 아직도 내 속에서 용서하지 못한 존재들에 대한 용서의 마음이다. '용서했어'라며 털어버렸지만, 아직도 마음속 앙금으로 남아 있던 모든 것들에 대한 용서를 한 것이다. 이제는 어떠한 죄책감도 죄의식도 미움도 책망도 남지 않았다. 내 속에 있던 모든 감정은 이제 더는 내 것이 아니다. 내 속에는 정말 맑고 순수한 내면 아이만 자리하고 있다.

내면 아이는 다시 성장할 것이다. 이제는 이 아이는 혼자가 아니라는 것을 안다. 또한 자신은 아주 많이 사랑받고 있다는 것도 안다. 이 속에서 새로운 사랑과 창조들이 일어날 것이다. 내 속에 있던 내면 아이는 그렇게 세상으로 나오게 되었다. 이제는 이 세상에 존재하는 모든 것들의 아름다움만 보게 될 것이다. 내 삶에서 또 하나의 새로움을 깨달았다. 온전한 나로 살기 위해 나는 내 가슴에서 들려오는 소리에 귀 기울일 줄 알게 되었다. 또한, 허영심이 사라지게 되었다. 진정한 아름다움이란 내면의 아름다움이 먼저라는 것을 알기에 외적으로 보이는 것에 치중하지 않는다. 더 이상 다른 사람 눈치를 보며 머뭇거리지 않는다. 모든 것은 내가 행복해지기 위함이며, 그 속에서 사랑과 감사가 넘쳐나기 위함이란 것을 깨달은 것이다.

아직도 내면 아이를 만나지 못했다면 오늘 당장 실행해보라. 내 속에 웅크리고 토라져 있는 내면 아이를 만나 모든 이야기를 들어주며 공감해줘보라. 그 속에서 나에게 있던 많은 문제와 만나게 될 것이며, 그 문제들을 인정하며 받아들일 때 깨달음도 일어날 것이다. 내면 아이를 찾는 방법으로 사람들은 보통 명상을 자주 한다. 조용한 곳에서 아무런 방해 없이 자신에게 집중하다 보면 내 내면에서 소리가 들려온다. 내면 아이를 만나면 마주하기 싫었던 기억들과 상처받아 있던 것과도 마주해야 한다. 눈물과 후회와 함께 여러 감정이 올라온다. 그걸 참지 말고 다 쏟아내어 그 상처들을 치유해보라. 그러한 치유과정을 거치고 나면 불안, 우울했던 감정들이 사라지며 그 속에 사랑과 자비, 용서와 배려, 감사가 넘치게 될 것이다. 이제는 비로소 자신을 온전히 사랑할 수 있게 되며 그 사랑이 모든 존재하는 것들에 대한 사랑으로 확대될 것이다.

어떤 삶을 살든 자기 사랑만큼은 절대 양보하지 마라

06___ 소중한 나에게
고맙다고 사랑한다고 말하자

사람들은 자기 자신을 되돌아보는 것을 불편하게 생각한다. 또한, 자기 자신에게 고맙다고 사랑한다고 잘 표현하지 못한다. 나 역시 마찬가지였다. 나는 자신을 사랑할 줄 몰랐다. 진정 자신을 위해 살지 못했다. 감정표현도 서툴러 내가 불편한 감정임에도 그 감정들을 감췄다. 남을 더 배려하고 비위를 맞춰주며 살았다. 이런 자신에 익숙해져 있었기에 내 감정들은 언제나 자신에 의해 감춰지게 되었다. 나는 모임에서 놀러 갈 때도 다른 사람들을 위해 음식을 해주며 사람들이 맛있게 먹는 모습을 흐뭇해할 뿐 놀러 가서 느껴야 할 내 감정들은 외면했다.

사람들이 같이 와서 먹자고 해도, 괜찮다고만 했다. 나는 내 인생을 늘 이런 식으로 괜찮다며 살아왔다. 늘 감추기에 익숙해져 버린 감정표현들로 인해 상처받는 건 자신이란 걸 알지 못

했다. 자신을 돌아보기 위해 온전히 발가벗겨 놓고 들여다볼 자신도 없었다. 수치스럽고 후회와 원망만 가득한 내 삶이라고 생각한 것이다. 어쩌면 내가 살아온 내 삶을 부정하고 싶었는지도 모른다. 내가 잘한 부분, 내가 느낀 감정들은 자신을 칭찬해줘야 함에도 나는 자신을 들춰볼 자신이 없었기에 늘 억눌린 채로 살아왔다.

우리는 스스로 병을 만든다. 나 역시 이런 자신으로 인해 감정에 병이 든 것이었다. 그 감정들을 들춰내 보듬어주며 사랑해줘야 함에도 그 감정들을 무시한 채 몸과 마음이 힘들어지니 약을 찾게 된 것이다. 억눌린 감정들은 하나하나 들춰내야 한다. 그렇지 않으면 평생 약에만 의존하며 살게 된다. 나는 약으로 이 모든 것들이 해결되지 않음을 알게 됐다. 마주하기 두려워 외면한다면 그 감정들은 더 곪아갈 것이다. 나도 그 감정들을 마주하기가 힘들었기에 결단이 필요했다. 그래서 나는 있는 그대로의 자신을 사랑하기로 마음먹었다. 먼저 자신을 사랑하는 법부터 배워야 했다. 다른 사람들을 맞혀주기에 급급했던 삶부터 바로 잡아야 했다. 내 삶은 내가 주인공이어야 한다. 모든 생각은 나로부터 시작되어야 한다. 하지만 우리는 어렸을 때부터 희생을 강요당하며 살아왔기에 늘 희생하는 것에 익숙해져 있다. 자신을 찾기 위해 사고방식부터 바꿔야 한다. 그러기 위해 제일 중요한 건 자신을 사랑해줘야 함이다. 머리부터 발끝까지 사랑스러운 자신을 보며 쓰다듬어주며 사랑과 온정을 불어넣어줘야 한다.

어떤 삶을 살든 자기 사랑만큼은 절대 양보하지 마라

비 오는 날 지인과 나는 고속도로를 달리고 있었다. 터널을 막 빠져나왔을 때 지인의 차가 빗길에 미끄러졌다. 휘청거리던 차는 달리던 속도 때문에 가드레일에 부딪히고 반대편 가드레일을 받고 다시 한번 더 반대편 가드레일을 받고 나서 차는 멈췄다. 앞뒤 유리창이 다 박살 나고 에어백은 터지고 앞 범퍼에서는 연기가 나고 있었다. 나는 가드레일을 박을 당시 '아 이렇게 죽는구나!'라는 생각밖에 들지 않았다. 그런데 정말 신기하고 감사하게 사고가 나서 가드레일을 받는 사이 차가 한 대도 지나가지 않았다. 또한 사고가 나서 차가 멈춰 설 때까지도 차는 한 대도 지나가지 않은 것이다. 정말 그 순간 차가 왔다면 정말 대형 사고로 이어질 수 있는 상황이었다.

지인과 나는 빨리 차에서 대피해야 했다. 1차선에 차가 멈춰서 있었기에 충분히 위험한 상황이었다. 비를 맞으며 갓길에 대피해 119에 전화를 걸어 사고 신고를 했다. 차는 거의 폐차 수준으로 망가져 있었다. 그런 차 상태인데도 지인과 나는 한 군데도 다친 곳이 없었다. 가벼운 타박상 정도였다. 119대원들도 우리의 상태를 보곤 기적이라고 이야기했다. 나는 또 한 번의 죽을 고비를 넘긴 셈이다. 처음에는 정신이 없고 그저 어리둥절할 뿐이었다. 병원에 입원해 있으면서 이번 사고를 다시 생각할 수 있었다.

벌써 두 번의 죽을 고비를 넘긴 셈이었다. 정말 이대로 죽었다면 내게 너무나 많은 이야기를 하지 못하고 죽는 것이었다. 내 주변 사람에게도 미안한 마음, 고마운 마음, 용서를 구하는 마음, 용서해줘야 하는 마음 등 내 가슴속에 간직해두고 표현하지 못했던 감정들을 표현하지 못했을 것이다. 이런 감정표현들은 그때그때 바로 표현해야 하는 것 같다. 털어버려야 응어리지지 않는다. 나는 그런 표현들이 연습이 되지 않아 감정의 덩어리를 안고 살았다. 또한 내가 표현한 감정들이 부메랑이 되어 다시 내게 되돌아온다는 것도 깨닫게 되었다. 선함은 선함을 불러오고 감사는 감사를 불러온다. 내가 가지고 있는 섭섭한 감정들도 표현하지 않으면 결국 그것은 내게 감정의 골로만 남게 된다. 자기 사랑의 연습은 이런 감정표현들을 묵혀두지 않고 표현하는 데서부터 시작인 것이다.

그때그때 바로 감정들을 처리하고 나니 나는 어느 순간부터 나 자신의 모든 것들이 다 사랑스러워졌다. 소중하지 않은 부분이 없다. 눈가에 깊게 자리잡힌 주름까지도 사랑스럽다. 나는 늘 자기 전에 나 자신을 토닥여준다. 잘 견디며 살아온 나를 칭찬해준다. 홀로 견뎌내기 힘들 때도 잘 버텨준 나 자신이 대견스럽기만 하다. 인생의 중반을 넘어섰다. 내가 걸어온 길들을 되돌아보며 이제는 웃을 수 있을 만큼 감정의 벽도 단단해졌다. 지금 이 순간 경제적으로 풍요롭지는 않다. 그런데도 나는 지금 행복하다. 인생을 다시 사는 기분이다. 하루하루가 새롭고, 감사하게 여겨진다. 내가 걷고자 했던 길을 알기에 그 길 위에서는 나는 늘 주인공이다. 자신감 넘치는 여주인공의 모습으로 나는 내 삶을 즐기고 있다. 보기에 보잘것없이 보일지라도 나는 나 자신이 자랑스럽고 사랑스럽다.

여러분들도 심장 위에 손을 대보며 이렇게 말해보자.

힘든 세상 살아온다고 고생 많았어.
넌 이 세상에서 제일 예뻐.
남을 배려하는 마음이 예쁘고 감사와 사랑을 실천하는 마음이 예뻐.
그동안 많이 사랑해주지 못해 미안하구나.
이제는 넌 절대 혼자가 아니야.
네 마음속에 늘 함께 한 내가 있잖니.
그러니 조금만 더 힘을 내 더 멋진 인생을 살아보자.
사랑과 감사를 실천하며 이 세상에 사랑과 감사의 빛으로 남게 되는 그런 삶을 살아가자.

매일 밤, 잠들기 전에 하루를 살아준 내게 감사와 사랑을 표현해보자. 그러면 하루하루가 달라지며 자신이 사랑으로 충만해지는 것을 느낄 것이다. 내 몸 구석구석을 쓰다듬어주며 어루만져주자. 그 손길은 진정 자기 사랑이 묻어있는 사랑의 손길이 될 것이다. 나 스스로가 날 사랑해주며 응원해줄 때 어떤 어려운 역경 속에서도 자기 사랑은 절대 잃지 않게 될 것이다.

루이스 L. 헤이(Louise L. Hay)의 저서 《치유》에 이런 내용이 있다.

'당신의 가슴에는 어마어마한 양의 사랑이 있어서 마음만 먹으면 지구 전체를 치유할 수도 있다. 그러나 지금은 이 사랑을 당신을 치유하는 데에만 쓰도록 하자. 가슴 한가운데에서 빛나기 시작하는 따뜻함과 부드러움을 느껴라. 이 느낌을 갖고 당신이 스스로에 대해 생각하고 말하는 방식을 바꾸어라.'

그렇다. 우리의 가슴속에는 치유의 능력을 지닌 사랑을 다 가지고 있다. 그 사랑의 치유력은 실로 대단하기에 지구 전체를 치유할 수도 있는 것이다. 바쁜 세상을 살아가다 보면 자기 자신을 되돌아볼 여유 없이 쳇바퀴 돌 듯 똑같은 일상을 감정 없이 살아가는 경우가 많다. 또한 부정적인 생각들이 만들어낸 독소들이 내 몸 곳곳에 덕지덕지 붙어 있다. 이 독소들을 제거할 수 있는 것은 내 가슴속에 있는 사랑의 힘만이 치유할 수 있다. 우리는 이 치유력을 믿기만 하면 된다. 이 사랑의 힘을 믿고 내 감정 깊숙이 박혀 있는 독소들을 제거해보자. 그러면 모든 것들이 사랑으로 완성될 것이다. 소중한 나를 진정으로 사랑하며 아낄 수 있게 될 것이다. 그렇게 될 때라야 나뿐만 아닌 모든 존재에 대해 사랑할 수 있으며 감사할 수 있게 된다. 길가에 핀 들풀들까지도 사랑스럽고 예뻐보일 것이다.

어떤 삶을 살든 자기 사랑만큼은 절대 양보하지 마라

07___ 자신과 자신의 삶에 감사하기

감사에 대한 새로운 관점을 제시하는 감사혁명 김봉선 작가의 저서 《감사하는 습관이 삶을 바꾼다》에서는 감사에 대해 이렇게 정의하고 있다.

'사람은 시련과 아픔이 있을 때 성숙하게 되고 깊어지고 깨달음을 얻게 된다. 좋은 환경에서 감사하는 것은 누구나 다 할 수 있다. 그러나 어려운 환경과 시련과 역경의 상황에서도 감사할 수 있어야 한다. 감사할 수 없다고 생각하는 것은 내가 정한 한계다. 내가 만든 감옥이다. 내가 만든 감옥의 한계에서 벗어나야 한다. 한계는 그 누구도 아닌 내가 스스로 만들어낸 것이다. 이것은 되고 저것도 안 되고 정해놓은 것은 바로 자신이다. 이 한계의 선을 무너뜨릴 때 모든 것을 다 감사할 수 있게 된다.'

우리는 살아가는 삶 속에 얼마나 감사한 일들이 많은지 잘 깨닫지 못한다. 지금 살아서 숨 쉬고 있는 것 자체만으로도 감사한 일인 것이다. 주어진 환경들을 너무 당연하게 받아들이기에 감사함보다는 당연함으로 생각한다. 나 역시 지금처럼 모든 것들에 대한 감사한 마음을 갖기 전에는 불평, 불만이 많았다. 식당에 가서 밥을 먹을 때에도 음식에서 맛과 정성이 느껴지지 않으면 주인분께 불평과 불만의 목소리를 냈다. 하지만 우리는 그 식재료가 우리 입으로 전달되기까지의 노력에 대해 생각하지 않는다. 우리 입으로 들어오기까지 생산과 가공을 거쳐 수많은 노력이 들어갔음을 인지하며 그 모든 과정에 대한 감사한 마음을 가져야 한다. 이런 감사한 마음을 가지며 섭취하는 음식은 우리 몸속에서 약으로 작용하게 될 것이다. 감사하는 마음이 정말 크고 위대한 일임을 깨닫고 순간마다 감사한 마음을 갖고 살아야 함이다.

나는 스스로 살아온 삶들에 별로 감사함 없이 살았다. 지금 누리고 있는 것조차 감사함이 아닌 당연한 것으로 받아들이며 살아왔다. 돌이켜 생각해보면 내 삶 속에 한순간도 감사하지 않은 순간은 없었던 것 같다. 그것을 감사함으로 느끼지 못했기에 당연함으로 받아들인 것이다. 이러한 환경들을 통해 성장하며 배우며 깨달음을 얻을 수 있었다. 지금의 내가 있는 것도 이러한 과정들을 거쳤기에 있는 것이다. 그 과정들을 지날 때 나는 과연 얼마나 감사하며 지냈는지 물음을 던지게 되었다.

어떤 삶을 살든 자기 사랑만큼은 절대 양보하지 마라

나는 가난한 집안 형편이 싫었다. 거리 청소를 하시는 아버지가 부끄러웠고 고등학교 3학년 때 취업 상담차 학교를 오신 엄마의 초라한 모습이 부끄러웠다. 엄마는 오토바이를 타고 오셨는데 머리가 헬멧에 눌려 푹 주저앉아 있었고 옷도 갖춰 입고 오지 않으셨다. 친구들 부모님과 비교되는 엄마를 보며 나는 "엄마. 아 옷 좀 잘 차려입고 오지? 이게 뭐야?" 하며 투덜거렸다.

　엄마는 이런 내가 야속하셨을 것이다. 엄마는 그 당시 먹고살기 바빠 우리들의 사소한 부분까지 신경을 써줄 겨를이 없으셨다. 나는 그런 엄마의 사정은 생각하지 않은 채 나의 부끄러운 마음만 표현했다. 엄마가 고생만 하시다가 그렇게 일찍 세상을 떠나실지 몰랐다. 일찍 시집을 갔기에 부모님들과도 떨어져 지내 제대로 표현하며 지내지도 못했었다.

　나는 우리 부모님이 자랑스럽다. 그리고 날 낳아서 바르게 길러주셔서 정말 감사하다. 어려운 형편에도 어려운 상황의 연속에서도 엄마는 늘 우리 자식들에게 사랑을 나눠주셨다. 이웃사랑을 실천하며 우리에게 앞으로 어떻게 살아가야 하는 지를 보여주셨다. 나는 부모님께 "사랑합니다"라는 표현을 못 했었다. 부모님께서 오래도록 우리 자식들 곁에 계셔주실 줄 알았기에 표현을 미뤘었다. 또 내가 가정을 이루며 바쁘게 살아가다보니 부모님들에 대한 고마움에 대해 깊이 생각하지 않고 살았는지도 모른다. 이제라도 날 낳아주시고 길러주신 부모님께 진심으로 감사 인사를 드리고 싶다.

"엄마, 아버지 감사합니다. 절 낳아주셔서 감사합니다. 저에게 사랑이 무엇인지 알게 해주시고 깨달을 수 있게 해주셔서 감사합니다. 넉넉지 않은 살림에도 우리 4남매 잘 길러주셔서 감사합니다. 저희에게 추억과 사랑과 행복을 남겨주셔서 감사합니다. 이 땅에서 저희가 해야 하는 역할을 하며 바르게 살아가겠습니다. 고맙고 사랑합니다. 그리고 많이 보고 싶고 그립습니다."

나는 지금도 엄마 생각을 하면 가슴이 너무 아린다. 여자들은 누구나 친정엄마에 대해 애틋한 마음이 있을 것이다. 잘해드리지 못한 마음에 늘 가슴 한쪽이 저린다. 내가 잘살아주길 바라셨는데 이혼하며 힘들게 살아가는 모습을 하늘나라에서 가슴 아프게 지켜보고 계셨을 것을 생각하면 아주 죄송하고 숙연해진다. 하지만 나는 힘든 고난과 역경을 잘 헤쳐나가며 지금에 이르렀다. 지금의 나는 늘 내 안에 감사와 사랑이 넘치고 있다. 내가 겪어온 고난과 역경들이 있었기에 이렇게 책도 쓸 수 있게 되었고 세상을 바라보는 관점도 달라지게 되었다.

이제 나는 자신을 사랑하는 법을 배우게 되었기에 그 사랑을 나눠줄 수 있는 사람이 되었다. 내 모든 삶 순간순간은 정말 감사한 일들로 가득했다. 그걸 깨닫지 못했기에 나는 나 자신을 비판하며 옭아매며 핍박하게 되었다. 하지만 매 순간순간을 감사하게 생각하며 생활한다면 감정 또한 감사로 충만해질 것이다.

나는 지금의 내가 좋다. 내 삶 자체가 소중하며 감사하다. 지금

어떤 삶을 살든 자기 사랑만큼은 절대 양보하지 마라

건강하게 숨 쉬고 있는 것 자체만으로도 정말 감사한 일인 것이다. 내가 겪은 고난과 역경이 있기에 그 교훈을 바탕으로 남에게 도움을 줄 수 있으며 희망을 심어줄 수 있음에 감사하다. 이제는 어떤 일이 닥쳐도 잘 헤쳐나갈 수 있는 근력이 생겼다. 그러기에 세상에 대한 두려움보다는 설렘이 더 가득하다. 온실 속의 화초가 아닌 들판의 잡초기에 나는 비, 바람이 두렵지 않다. 감사는 감사를 끌어당긴다. 감사하다고 생각하면 정말 감사하지 않은 일이 없게 된다. 우리는 인생을 살아가며 깨달음과 지혜를 얻게 된다. 감사한 마음도 깨달음을 얻어가는 과정에서 큰 역할을 차지하는 것 같다. 감사함은 나의 생각과 사고를 바꿔준다. 감사가 습관처럼 몸에 밴다면 우리의 삶은 감사함으로 흘러넘치게 될 것이다. 그 감사함은 그 주변으로 퍼져 주변인들까지도 감사함으로 물들게 만드는 것 같다. 불평은 한도 끝도 없다. 하지만 그 불평을 감사로 바꾼다면 우리 인생은 감사함이 끝도 없이 많아지게 되는 것이다.

아침에 일어나자마자 감사기도로 하루를 시작해보는 건 어떨까? 하루 동안 받을 감사를 미리 감사하는 기도를 드리는 것이다.

"새로운 하루를 허락해주심에 감사합니다. 오늘도 나와 동행해주시는 수호천사님께 감사드립니다. 내 삶 곳곳에 사랑과 감사한 일들이 충만하게 해주심에 감사합니다. 오늘도 사랑과 감사가 충만하게 흐르게 하시사 그 사랑과 감사가 흐르는 통로 역할로 전달자로 살아가게 해주심에 감사합니다. 오늘 하루 동안 만날 모든 인연에 좋은 일들만 가득하며 감사한 일들만 가득하게 해주심에 감사합니다."

우리가 살아가며 어떠한 태도로 살아가느냐에 따라 우리의 인생은 달라진다. 감사로 하루를 시작하며 감사로 하루를 마무리하는 삶으로 바꾼다면 우리는 정말 감사 안에서 생활할 수 있게 되는 것이다.

또한 자연환경이 우리에게 주는 것들에 대해 감사한 마음을 가져보는 건 어떨까? 산과 바나와 들을 보며 그곳을 존재하게 한 모든 것들에 대한 감사한 마음을 가진다면 우리는 풀 한 포기라도 함부로 밟지 못하는 마음이 생길 것이다. 산을 이루고 있는 나무들과 꽃과 풀들은 우리에게 무한한 에너지를 무상으로 제공하고 있다. 하지만 우리는 그런 것들에 대해 감사한 마음을 가지지 않은 채 나무와 꽃들을 바라보기에 일방적인 것이 되어 버리고 말았다. 우리 인간관계에서 일방적인 것이 없듯이 자연도 똑같은 것 같다. 자연이 주는 아름다움과 편안함을 감사한 마음을 가지고 대한다면 그곳에서 흘러나오는 에너지들이 우리 몸속에 흐르고 있는 안 좋은 것들을 정화해주는 역할을 하게 될 것이기 때문이다. 그들이 뿜어주는 에너지는 우리 코로 흡입해 우리 순환계 곳곳으로 퍼져 우리들의 정신을 맑게 해줄 것이다.

어떤 삶을 살든 자기 사랑만큼은 절대 양보하지 마라

새소리와 동식물의 소리는 우리에게 안락함을 제공해준다. 그런 것에 감사한 마음을 가진다면 우리에게 그 모든 것들은 우리를 치유로 이끌어줄 것이다. 이제는 우리가 당연히 받았던 것들에 대해 감사한 마음을 가져야 할 차례다.

어떤 삶을 살든
자기 사랑만큼은 절대
양보하지 마라

01___

이혼 후 삶에 대한 불안이 오기 시작했다. 앞으로 어떻게 살아가야 할지에 대한 막막함에 두려움만 가득했다. 20년간 남편이 모든 경제권을 가지고 있었고 남편은 가족들의 생계를 책임지기 위해 고군분투하는 삶을 살았다. 그러기에 나는 경제관념이 덜 잡혀 있었다. 남편이 주도하는 삶을 따라가기만 했다. 그래서 나는 홀로서기 할 당시 무엇을 어떻게 시작해야 하는지 기준점을 잡지 못했다. 그래서 미래에 대한 불안감으로 점집을 찾게 되었다. 지인의 권유로 지인이 다니는 점집을 같이 가게 됐다. 들어서자마자 모든 내 상황을 꿰뚫어 보듯 맞추시는 보살님을 보고선 나는 마냥 신기했다.

"제사 안 지내지? 배고파 죽겠어"라는 보살님의 첫마디가 나는 참 인상 깊었다. 우리는 기독교 집안이라 제사를 지낸 적이 한 번도 없었다. 그러기에 보살님이 하신 첫 말씀부터 나는 무장해제가 되는 기분이었다. 그래서 앞으로의 일들도 다 미리 예견해줄 것으로 생각하게 되었다. 내가 왜 사기를 당하게 되었으며, 지금 상황에 놓이게 된 건지를 그 보살님이 이야기하시는 부분을 내 상황들과 일치시키려 했다. 일종의 자기합리화 같은 것이었다. 이때부터는 보살님이 하는 말은 다 맞는 말로 인식하게 되었다. 사람들은 절대 성공으로 달리고 있을 때 점집을 찾지 않는다. 자기 확신과 성공에 대한 열망으로 가득 차 있기에 이러한 것들이 비집고 들어올 틈이 없기 때문이다. 인생에서 흔들리고 지쳐 있을 때 일종의 피난처로 아니면 인생의 앞날을 점쳐주기를 바라는 마음으로 찾게 되는 것 같다. 나에 대한 확신과 믿음이 없기에 그렇게 되는 것이다.

조상님들께 제사를 올리지 않아 내게 안 좋은 일들이 생기게 된 것이며 사기당한 돈은 일종의 목숨값이라는 것이었다. 내가 지금 죽을 상황이었는데 대신 사기로 액땜을 한 것이라고 설명하였다. 나는 보살님의 말을 전적으로 믿었다. 그래서 나는 조상님들을 대접해드리는 굿을 하게 되었다. 나는 처음 해보는 굿이라 두려움 반 설렘 반이었다. 교회만 다녔던 내가 점집에 온 것도 대단한 일인데 굿까지 하게 되리라고는 상상도 하지 못했던 일이었기 때문이다. 굿이 한창 진행되고 있을 때 조상님들이 오셨다며 말씀하시는 것이다.

"다리 저시는 분이 누구시냐?"라고 내게 물어보셨다. 아버지

어떤 삶을 살든 자기 사랑만큼은 절대 양보하지 마라

는 월남전 참전용사셨는데 고엽제 피해로 인해 한쪽 다리가 불편하셨다. 나는 아버지라고 말하며 엉엉 울었다. 그 보살님은 접신을 해 "내 딸내미 불쌍해서 어쩌누? 이제부터 아빠가 도와줄 테니까 아무 걱정하지 마"라고 말했다. 나는 보살님을 끌어안으며 정말 아버지와 포옹하고 있는 느낌이 들어 엉엉 서럽게 울었다.

다시 접신을 하시더니 엄마로 내게 말을 걸어오셨다. "현희야. 여기서 뭐 하니? 니가 언제부터 이런 곳을 왔다고? 빨리 교회로 가. 교회로"라고 했다. 나는 정말 엄마가 살아 돌아오신 느낌을 받았다.

그러곤 다시 시어머니가 되어 "고얀 것. 그렇지만 니가 기저귀 갈아줄 때 같은 여자로서 부끄러웠다. 그래도 고마웠다"라고 말씀하셨다. 시어머니께서 병환 중이실 때 2주 정도 기저귀를 갈아드리고 병간호를 해드린 적이 있었다. 나는 이런 상황들이 신기하기만 하고 정말 그분들이 다 오신 것 같았다. 또한 나는 시어머니께서 하신 말씀이라 믿으며 날 용서해주신 거로 받아들였다. 조상들을 대접해드리며 굿은 마무리가 되었다. 이제부터는 부모님들과 조상님들이 보살펴주신다는 말씀을 들으며 내 앞길이 잘 풀릴 것이라 안도하게 되었다.

이렇게 처음 굿을 하게 됐다. 그것을 인연으로 나는 그 점집에 한 달에 한 번씩 기도하러 다녔다. 이혼 후 포장마차를 시작하며 개업식을 할 때도 그 보살님께 개업 굿을 했다. 그 터가 도깨비 터라 해 가게 상호도 '도깨비주막'으로 지었다. 나는 다시 시작 하는 마음으로 모든 것들이 순조롭게 잘 풀릴 것이라 기대하며 가게를 시작하게 된 것이었다. 하지만 요식업 경험도 없던 내가 모든 것을 감당하며 가게를 꾸려나간다는 것이 결코 쉬운 일이 아님을 알게 되었다. 같이 하던 동업자가 갑자기 빠지게 되며 나 는 모든 것들을 혼자서 다 감당해내야만 했다. 그때 당시에는 나 는 뭐든 지푸라기라도 잡고 싶은 심정이었다. 내가 잘못된 선택 으로 사기를 당했음에도 내 잘못을 인정하지 않으며 다른 것으 로 원인을 찾으려 애썼는지도 모른다.

그 세월을 다 보낸 지금은 그때의 내 선택들이 잘못되었음을 안다. 나는 사기를 당한 것에 대해 남편과 아들에게 진심으로 사과하며 용서를 구하지 않았다. 그 시작부터가 잘못된 것이었 다. 믿고 의지해야 할 사람을 다른 곳에서 찾고 있었다. 그때 남 편과 아들에게 진심 어린 사과를 하며 용서를 구했다면 지금까 지 그 죄책감을 짊어지고 살진 않았을 것이다. 사람이 자기 잘못 을 인정한다는 것이 결코 쉬운 일이 아님은 안다. 나 역시도 눈 이 가려져 잘못이 무엇인지 잘 깨닫지 못했다. 본질은 보지 못한 채 옆 가지들만 본 것이다. 나는 혼자 힘들게 역경을 이겨나가 다 보니 지금에서야 '내가 정말 큰 잘못을 지었구나! 그때 당시 에는 왜 이런 생각들을 하지 못했을까?'라고 생각하게 되었다.

어떤 삶을 살든 자기 사랑만큼은 절대 양보하지 마라

조금만 더 일찍 깨달았다면 그 세월 동안 짊어진 마음의 고통도 덜 수 있었을 것이다. 또한 나 자신을 더 괴롭히지도 않았을 것이다. 삶의 궁극적인 목표는 자기 사랑이 제일 우선시 되어야 한다. 나 자신은 그 누구도 아닌 내가 온전히 사랑해줘야 한다. 그러기 위해 나 자신에게 잘못을 씌우며 가두는 일부터 그만해야 한다. 그 잘못들을 바로잡으며 내가 용서를 구해야 하는 부분은 진심 어린 마음으로 용서를 구해야 한다. 그 용서를 받는 것은 상대편의 몫이다. 그 굴레에서 벗어나 진심으로 나 자신을 사랑으로 바라보며 대해야 한다.

우리가 살다 보면 잘못된 선택을 할 수도 있다. 그 잘못된 선택을 나 자신이 알아차리며 빠르게 바로잡아야 한다. 그래야만 자신을 괴롭히는 일이 생기지 않는다. 이러한 생활방식이 자리 잡게 되면 내 마음 깊은 곳에 응어리가 쌓이지 않게 되는 것이다. 이런 응어리들이 없어야만 자신을 바로 알고 자신을 사랑할 수 있는 것 같다.

나는 결혼생활 당시에는 부유한 경제 사정으로 인해 자만과 교만이 가득했다. 으스대길 좋아하며 돈을 귀하게 생각하지 않은 것이다. 하지만 지금은 내가 고생해서 돈을 벌어보니 천 원짜리 한 장도 생각하며 쓰게 되고 돈의 소중함도 깨닫게 되었다. 그렇게 되니 소비패턴도 바뀌어 꼭 필요한 것들만 사게 되었다. 어떻게 보면 내가 돈의 풍요와 쪼들림도 경험해봤기에 그 소중함도 깨닫게 된 것이다.

이렇듯 우리 인생도 똑같은 것 같다. 내가 어디에 중요 포인트를 두느냐에 따라 행복의 기준도 달라지는 것이다.

인생의 완성을 자기 사랑에 포인트를 둔다면 매 순간순간 자신의 소중함과 사랑을 온전히 느끼며 살아갈 수 있게 될 것이다. 자기 전문가는 그 누구도 아닌 자기 자신이다. 내가 이 땅에서 누려야 할 행복도 온전히 내 몫이다. 지금 나 자신에게 지금 행복한지 물어보자. 지금 너무 행복하다고 한 치의 망설임도 없이 답할 수 있을 때라야 진정 행복하다고 느끼며 살아가고 있는 것이 아닐까? 그 행복의 과정 속에 자기 사랑이라는 완성이 있다면 그 행복감은 실로 말로 다 표현하지 못할 만큼 클 것이다. 사랑도 해본 사람이 줄 수 있듯이 나 자신을 바로 알고 자기 자신을 사랑해줄 때 세상에 모든 것들에 대해 그 사랑을 나눠줄 수 있게 될 것이다. 이 세상이 이런 사랑으로 가득하다면 우리의 살아가는 모습도 달라질 것이다.

"여러분도 이 사랑을 나눠주는 사람이 되지 않으시겠습니까?"

　　　　　어떤 삶을 살든 자기 사랑만큼은 절대 양보하지 마라

02___ 머리가 아닌
가슴으로 살아라

《자기 사랑 노트》의 저자인 오재은 교수는 저서에서 "가슴의
소리를 듣는 일이야말로 신의 음성을 가장 잘 이해하는 길이다.
가슴이 기뻐하는 일, 그것을 하기 위해서 우리가 이 땅에 온 것
이라고 나는 믿는다. 글 쓰는 일이 기쁘다면 그 일을 하라. 노래
하는 일이 가슴을 벅차게 한다면 그 일을 하고, 농사짓는 일이
가슴을 뛰게 한다면 그 일을 하라. 자신이 좋아하는 일을 하는
사람들이 행복한 것은 당연한 일이다. 그것이 긍정 에너지가 지
닌 힘이다"라고 했다.

이 세상에서 가장 긴 여행은 머리에서 가슴까지의 여행이라고
한다. 우리는 가슴에서 오는 울림, 즉 진동을 알아차리지 못한다.
내 생각들, 즉 머리가 하는 생각들이 우리의 삶을 지배하고 있기
에 정작 가슴에서 울려 나오는 의식을 알아차리지 못하는 것이다.

우리는 하루에도 무수히 많은 생각의 지배 속에 갇혀 있다. 그 생각들은 나의 현재로 창조되어 나타난다. 현재 상황들은 내 생각들의 결과물이며 내가 끌어당긴 것들이다. 현재의 삶에 불만이 있다는 것은 가슴이 시키는 일이 아닌 머리가 시키는 일을 했다는 증거다. 이처럼 우리는 살아가면서 가슴이 시키는 일을 하며 산다는 걸 어렵게만 받아들이고 있다. 현실만 보며 판단하기에 걸림돌들이 너무 많은 것이다. 나의 진정한 행복이 무엇인지 한 번쯤은 생각해볼 필요가 있다. 내 인생은 누가 대신해서 살아주는 것이 아니기에 진정 우리에게는 행복해져야 할 권리가 있다. 지금 이 순간 내게 행복을 가져다주는 것이 무엇인지부터 생각할 때 머리가 아닌 가슴이 시키는 일을 할 수가 있게 되는 것이다.

작곡가 겸 피아니스트인 윤효간은 1960년대 잘 나가던 'UN성냥' 공장의 늦둥이 막내아들로 태어났다. 그의 집은 자신의 방 말고도 일곱 개의 방이 더 있는 양옥집이었다. 당시 일반 가정에서 장만하기 힘든 야마하 피아노와 하몬드 오르간도 있었다. 그의 아버지는 그와 그의 형 3명에게는 각자 자신이 하고 싶어 하는 악기를 배울 수 있게 해주었다. 큰형은 베이스, 둘째 형은 기타, 피아노, 셋째 형은 드럼, 그는 피아노를 배웠다. 그러나 그는 아버지가 원했던 유명 음대나 유학파 출신이 아니라 고졸이 최종학력이었다. 고등학교 3학년 때 서울로 가출해서 요정, 카바레, 나이트클럽 등 밑바닥 생활부터 시작했다. 고생 끝에 KBS 관현악단, 박춘석 악단에 입단했으나 흥미를 느끼지 못해 그만두었다.

어떤 삶을 살든 자기 사랑만큼은 절대 양보하지 마라

그는 40세 때 '돈 죄는 일'을 끊고 동면에 들어갔다. 꽤 많은 돈을 벌던 그는 좁디좁은 사무실 겸 숙소에서 저렴한 채소비빔밥으로 하루를 때웠다. 번 돈은 악기를 사고 음악 공부하는 데 써 버렸기 때문이다. 그는 자신을 절벽으로 내몰았다. 그는 '안락'을 버리고 '나눔과 사랑'의 피아노 공연에 인생을 걸었다.

2005년 자기 삶과 음악을 담은 피아노 솔로 콘서트 '피아노와 이빨'을 내놓았다. 매니저는 말렸지만, 그는 기발한 제목을 지은 자신이 무척 자랑스러웠다. 그는 어렵고 따분하지 않은, 고정관념을 깨는 공연을 하자고 다짐했다. 작은 갤러리에서 지인 네 명을 앉혀 놓고 공연한 일도 있었다. 공연을 쉬지 않고 이어갔으며 입소문이 나기 시작했다.

2007년 캄보디아 투어 공연을 시작으로 세계 어디든 달려가는 나눔의 공연을 시작했다. 캄보디아 아이들은 피아노를 난생 처음 봤고, 연주하는 그의 주변으로 모여드는 아이들을 보며 그는 엄청난 행복감을 느꼈다고 한다. 2009년 미국 11개 주 투어, 호주 시드니 오페라하우스 공연, 2010년 중국 상하이에서 우루무치까지 공연, 2011년 국립소록도병원 공연, 2011년에서 2012년 동안 100개 군부대 투어 공연, 2012년 9월 〈아름다운 가게〉 10주년 7개 도시 공연 기부에 이어 부산 8개 학교에서 공연했다. 그는 〈피아노와 이빨〉의 1,300여 회 공연을 했다.

그의 아버지는 그가 음대에 진학해 교수가 되길 바랐다. 하지만 부모님이 원하시는 '정상적인 코스'를 거부하고 '낯설고 거친 환경'에 뛰어들어 자신만의 음악세계를 만들어나갔다. 그는 누구나 잘하는 베토벤이 아니라, '나만의 베토벤'을 연주하는 아티스트, 작곡가 겸 피아니스트, 아코디언 연주자가 되었다. 그는 다음과 같이 말한다.

"지금도 내 머릿속에서는 해야 할 일, 하고 싶은 일, 가고 싶은 곳, 가야 할 곳, 만들고 싶은 것 등이 쉼 없이 생각나고 있다. 앞으로의 인생이 정말 기대되며 나는 항상 내 일을 생각하면 가슴이 뛴다. 이 순간이 기쁘다. 내 삶의 방식이 틀리지 않았다는 것이 기쁘다. 다른 사람들에게 내가 힘을 줄 수 있다는 사실이 기쁘다. 나는 옳았다."

또한 나폴레온 힐이 세계적인 베스트셀러 작가가 될 수 있었던 것도 가슴이 시키는 일에 몰입했기 때문이다. 힐은 강철왕 앤드루 카네기(Andrew Carnegie)와의 기적적인 만남으로 자신의 운명을 바꿨다. 잡지사 기자였던 그는 카네기를 취재하던 도중에 카네기의 계획을 들을 수 있었다. 카네기의 계획은 '로스쿨에 입학한 후 학교를 졸업하기 전에 성공한 사람들을 인터뷰해서 그들이 성공하게 된 비결을 찾아내고 그렇게 발견한 모든 것들을 기사로 쓰는 것'이었다. 카네기는 그에게 자신이 제안을 받아들일 용기가 있는지 물어봤다. 그는 이야기를 듣는 순간 "하겠습니다"라고 말했다.

어떤 삶을 살든 자기 사랑만큼은 절대 양보하지 마라

그는 실패자로 평가받는 사람 2만 5,000명 이상과 성공자로 분류한 500명 이상을 인터뷰한 결과, 17가지 성공원칙과 30가지 실패의 주요 원인을 정리함으로써 성공철학의 뼈대를 세웠다. 그런데 이 성공철학의 뼈대에는 적요과 경험을 입혀야 하고 장애물을 극복할 수 있는 용기를 복돋아주는 정신을 써넣어야 했다. 그 일을 하려고 하니 막막하게 느껴져 책 쓰기를 중단하고 광고업, 회사 사장, 광고와 영업기술 학교장, 홍보 담당 비서관, 잡지 발행 등 자신의 재능과 관계없는 일들을 했다.

돈은 많이 벌었지만, 왠지 모를 불안감이 몰려왔고 행복하지 않았다. 어느 날 그는 문득 '개인의 성공원칙을 발견해서 다른 사람들에게 도움을 베풀 때 비로소 네 자기 행복을 찾게 될 것이다. 원고를 완성해 출간할 때까지 멈추지 마라'라는 내면의 소리를 들었고 그 일을 바로 수행했다.

그의 책은 1928년 전체 8권으로 구성된 《나폴레온 힐 성공의 법칙》, 1937년 《놓치고 싶지 않은 나의 꿈 나의 인생》이다. 이 책은 전 세계적으로 수천만 부가 팔려나가면서 오늘날까지도 자기계발 분야에서 베스트셀러의 자리를 지키고 있다. 그는 영혼이 시키는 일을 하면서 행복을 만끽했고, 전 세계인에게 깊은 감동을 준 최고의 멘토, 《성경》 다음으로 많이 팔린 베스트셀러 작가가 되었다.

가슴이 시키는 일을 한다는 것은 나의 의식에 집중한다는 것이다. 나의 의식에 집중하며 확신할 때 내 속에 있던 무한한 잠재력은 발현된다. 내면에서 들려오는 목소리에 귀를 기울이며 진동을 느껴보라. 활기차게 고동치고 있는 심장박동에서 울리는 메아리를 들어보라. 진정한 행복이란 자신에게 모든 것을 내맡긴 채 생각들에게서 자유로워질 때다. 나를 괴롭히는 생각들, 나의 존재를 낮추는 부정적인 생각들, 그 생각들에서 벗어나자. 어떠한 상황에 놓이더라도 한 번쯤 다시 가슴에서 울리는 울림을 듣는다면 우리에게는 어떠한 장애물도 통과해 나갈 수 있는 능력들이 나타날 것이다. 이것은 나를 또 다른 성공으로 이끌어줄 것이다.

또한 상대방의 목소리도 우리가 가슴으로 받아들일 때 그 상대방을 전적으로 이해하며 사랑할 수 있다. 상대방의 마음을 얼마나 알고 받아들이느냐에 따라 나로 인해 그 사람이 달라질 수도 있는 것이다. 마음과 마음을 통한 교류가 결국은 사랑과 진실을 만들어내는 것이기 때문이다. 그러기 위해 우리는 나부터 가슴에서 울리는 소리에 집중하는 훈련이 필요하다. 아무리 하찮은 일일지라도 내 가슴 깊은 곳의 울림을 듣고 행한다면 분명내게는 위대한 일이 될 것이기 때문이다. 바쁜 일상에서도 두 손을 가슴에 올려두며 고동치고 있는 소리를 들어보자. 그리고 자신에게 "내가 가장 하고 싶고 원하는 일이 무엇인지 말해줄래? 그럼 나는 그 일을 위해 최선을 다할게"라고 말해보자.

나는 오늘도 살아 있음을 느끼게 해준 나 자신에게 감사하다. 그리고 사랑한다.

어떤 삶을 살든 자기 사랑만큼은 절대 양보하지 마라

03___

삶을 이끌어가는 것은 자신이어야 한다. 내가 나를 제일 잘 알기에 믿을 건 자신인 것이다. 나의 능력을 믿고 신뢰하며 일을 추진한다면 실패가 오더라도 실패로만 끝나는 것은 아니다. 하지만 나 또한 내 삶을 내가 이끌지 못하고 여기저기 끌려가곤 했다. 2년 전쯤 쉬고 있을 때 동네에 오픈을 앞둔 채소가게에서 채소 소분 아르바이트생을 구하는 구인광고를 보게 됐다. 집도 가깝고 해서 잠시 아르바이트하기 위해 면접을 보게 됐다. 사장님은 채소가게를 여러 군데 오픈해서 운영하고 계셨다. 나는 새로운 일도 배울 겸 다음 날부터 출근하기로 했다. 출근 첫날 팀장님이라는 분과 사장님, 그리고 다른 지점에서 도와주시러 이모님도 한 분 오셨다. 나는 팀장님과 이모님이 장사하시는 모습을 보며 깜짝 놀랐다.

"참외 5개, 만 원"이라고 지나가는 사람들을 향해 소리치며 호객하시는 모습을 보며 열정이 대단하시다고 느꼈다. 이모님은 입에 모터가 달리신 듯 멘트가 자동으로 나오셨다. 이모님이 내게 멘트하는 법을 가르치며 자꾸 말을 해봐야 는다며 하라고 하시는 것이다. 나는 처음 해보는 멘트라 어색하고 쑥스러워 잘 나오지 않았지만 작은 목소리로 이모님 하시는 대로 따라 하게 됐다. 막상 해보니 멘트가 입에 붙기 시작했다. 사람은 어디서나 적응하기 나름인 것 같다는 생각이 들었다. 심지어 내가 호객했을 때 지나가던 손님이 가게로 들어와 물건을 사주시니 기분이 너무 좋았다. 며칠을 하다 보니 일도 손에 익고 멘트도 자연스럽게 나왔다.

"새댁이 너무 열심히 하는 모습이 보기 좋네. 요즘 새댁이 같지 않아"하며 칭찬해주시는 손님도 계셨고 새댁 때문에 여기 온다는 손님도 생겼다. 그렇게 일주일쯤 지났을 때 사장님께서 내게 "눈치도 빠르고 손도 빠르고 한데 나랑 계속 일 안 해볼래요? 지금 채소가게 말고 음식 체인 쪽으로 사업을 넓혀가려고 계획 중인데 이모가 내 밑에서 일 좀 배워서 오래 같이 일을 좀 해봅시다"라고 말씀하셨다.

나는 그런 사장님께 감사하다며 열심히 배워보겠다고 말씀드렸다. 그런데 아르바이트비를 계산하면서 주휴수당을 안 챙겨주시는 것이었다. 그래서 사장님께 말씀드렸더니 사장님 하시는 말씀이 "채소가게는 그런 거 없어요. 그리고 이모 내가 일을 가르쳐주는데 고맙게 생각하고 일 배워야지 앞으로 일이 엄청 나게 커질 거야. 이모 그렇게 안 봤는데 돈을 너무 밝히는 것 같 아"라고 하셨다.

나는 나를 그렇게 표현하시는 사장님을 보며 '일을 시켰으면 정당하게 임금을 쳐줘야지 서로 억울한 부분이 안 생기는 건데' 라는 생각을 했다. 그렇지만 표현은 못 하고 속으로만 삭였다. 앞으로 어떤 큰일을 맡기시려고 저렇게 당당하게 하시는지 조 금 오기도 생겼다. 그래서 나는 더 열심히 했다. 호객하기 위해 30도가 넘는 높은 기온에서도 나는 땡볕에서 사람들에게 채소 사시라며 소리치곤 했다. 집에 들어가면 녹초가 되는 건 물론이 고 옷도 땀에 절어 소금기가 묻어났다. 내 평생 그렇게 힘든 일 은 처음이었다. 일의 강도는 할 만한 편이었는데 한 여름철의 땡 볕에서 지나가는 손님들에게 호객하는 게 너무 힘들었다. 그곳 은 목이 좋지 않아 지나가는 손님들이 많지 않았다. 그러기에 길 건너 신호를 기다리는 손님에게까지 들리게 큰 소리로 멘트를 할 수밖에 없었다. 나는 오기 반 열정 반으로 힘들어도 군소리하 지 않고 일했다. 사장님이 대체 어떤 일을 맡길지 궁금도 했다.

사장님은 팀장님을 내게 다른 지점에서 지원 나오신 분이라 며 소개했다. 팀장님과 같이 지내다 보니 친해져 친정엄마가 아 프시다는 말을 듣게 됐다. 나는 내가 담근 장아찌와 오이지를 챙겨 출근길에 들고 갔다. 친정어머니 갖다 드리라며 채소 보관용 워크인냉장고에 넣어두었다. 다음 날 출근하니 팀장님은 내게 친정엄마가 너무 맛있게 잘 드셨다며 인사를 전해달라 하셨다는 것이다. 나도 아프신 분이 맛있게 드셨다고 하니 뿌듯했다. 채소를 정리하기 위해 워크인냉장고에 들어갔더니 내가 싸온 장아찌와 오이지가 검은 봉지에 담긴 채 한쪽에 그대로 있는 것이다. 나는 그걸 보며, '뭐지? 분명 친정엄마가 맛있게 드셨다고 했는데 이게 왜 아직도 냉장고 안에 있지?'라고 생각하고 어리둥절했다.

또 함께 지내다 보니 사장님과 팀장님이 부부 사이로 보였다. 나는 팀장님께 부부 아니시냐고 물어봤지만, 아니라고 했다. 나는 분명 부부 사이로 보이는데 왜 부부 사이인 것을 숨길까 생각하며 흘려 넘겼다. 한 달이 지날 무렵 같이 저녁을 먹게 된 자리에서 부부 사이가 맞다고 말씀하셨다. 부부 사이라고 하면 일하는 직원이 부담스러워할까 봐 아닌 척 했다고 하시는 것이다. 나는 그럴 수도 있겠다며 그냥 웃고 넘겼다. 팀장님의 친정엄마가 아프셔서 출근을 안 하신 날, "선반 위 그릇 안에 검은 봉지가 있는데 그거 일반 쓰레기봉투에 좀 버려줄래요? 어제 마감할 때 버린다는 걸 깜빡했어요. 안은 열어보지 말고 그냥 좀 버려주세요"라는 문자메시지가 왔다. 그 검은 봉지를 버리려고 선반 위를 보니 내가 준 장아찌와 오이지가 들어있던 봉지였다. 기분이 좋지 않았고 속으로 별별 생각을 다 하게 되었다. 나는 예전

어떤 삶을 살든 자기 사랑만큼은 절대 양보하지 마라

부터 누군가에게 선한 마음으로 베풀었다면 내 쪽의 역할이 끝난 것이고 받는 쪽에서 어떻게 하든 그건 그 사람의 몫이라고 생각했다. 그래서 나는 애써 덤덤하게 받아들였다.

나는 이러한 사장님 부부를 보며 나랑 맞지 않는다는 결론을 내렸다. 그래서 3개월만 일을 하고 그만두었다. 더운 6~8월까지 최저임금을 받으며 땡볕에서 일한 걸 생각하면 내가 좀 어리숙했다는 생각이 들었다. 어떠한 경우라도 정당한 대우를 해주며 일을 시켜야 한다고 나는 생각한다. 이걸 견뎌내야 더 큰 일을 맡긴다는 사장님 생각은 나랑 맞지 않았다. 그걸 부당하다고 이야기했다고 돈을 밝히는 사람으로 치부해버린 처사에 불만이 없었던 것은 아니었다. 또한 진실하지 못한 부분들을 보며 이분들을 믿고 일하는 건 아닌 것 같다는 생각이 들었다. 돈보다 사람이 먼저이고 사람의 본질이 우선되어야 한다.

살아가며 언제든 기회가 찾아온다. 하지만 그 과정에는 내가 중심이 되어야 한다. 내가 중심점을 잡지 못하면 그 배는 흔들릴 수밖에 없다. 나는 그곳을 다니며 내가 중심을 못 잡았음을 깨달았다. 처음부터 부당하다고 이야기해서 내 마음속에 앙금을 남기지 말았어야 했다. 내 우유부단함이 또 날 상처받게 내버려둔 셈이다. 인생은 배움과 깨달음의 연속인 것이다. 이곳에서 나는 깨닫는 바가 있었고 삶의 교훈도 얻었다. 살아가는 과정이기에 언제든 이런 상황들이 생길 수 있고 이 경험을 토대로 내 삶의 방식을 만들어가면 된다. 이런 것이 인생의 묘미인 것 같다.

오프라 윈프리(Oprah Winfrey)는 하버드대 강연에서 이렇게 이야기했다.

"삶은 축복이다. 언젠가는 죽을 것이기에 지금은 살아야만 한다는 것을 깨닫게 해주는 선물이다. 진창에서 허덕일 것인가? 꽃처럼 활짝 피어날 것인가는 언제나 당신 손에 달려 있다. 당신의 삶에 가장 큰 영향을 끼치는 하나의 존재는 바로 당신 자신이기 때문이다. 자리에서 일어나 밖으로 나가, 온전하게 살겠다는 선택을 하자. 그렇게 당신의 여행은 시작된다."

삶의 여정에서 주인공은 바로 당신 자신이다. 지금의 모습 또한 내가 창조해낸 결과물들이다. 진창에서 허덕일지, 꽃처럼 활짝 피어날지는 바로 당신의 선택으로 이루어진다. 그 속에서 자기 자신을 사랑하며 그 사랑의 열매를 맺어나간다면 진정한 사랑으로 충만한 사람이 될 것이다. 지금 어떠한 고민을 하며 선택의 갈림길에 서 있다면 그 속의 주인을 나로 정해 방향을 잡아 나아가보자. 온전히 내가 주인공인 삶을 살아갈 때라야 그 여정에서 행복감을 느낄 수 있다. 넓은 바다를 향해 노를 저어보자. 이 넓은 바다를 항해하는 선장은 바로 자신이다.

어떤 삶을 살든 자기 사랑만큼은 절대 양보하지 마라

04___

지금 자신이
가진 것에 감사하라

부모라면 누구나 그 보물은 자식일 것이다. 나도 마찬가지여
서 제일 소중한 보물은 아들이다. 하나뿐인 아들은 내 삶에 크
나큰 행복이고 기쁨이다. 상처를 많이 준 엄마이지만 그래도 엄
마를 걱정해주는 따뜻한 아이다. 그런 아들이 가끔 전화를 걸어
와 "엄마. 뭐하노? 바쁘나?" 하며 툭 던지는 말 한마디마저도 나
는 고맙게 느껴진다.

나는 아들이 고등학교 3학년일 때 홀로 수원으로 올라왔기에
그때부터 아들과 떨어져 살았다. 아들에게 부모의 이혼을 경험
하게 하고 고등학교 3학년 수험생 뒷바라지도 제대로 못 해줬기
에 그런 아들을 보면 항상 미안하고 죄스러운 마음이다.

아들이 중 2 때의 일이다. 어느 날, 경찰서에서 전화가 왔다.

"규연이 어머니 되시죠? 규연이가 편의점에서 담배를 훔쳐서 지금 경찰서에 있으니 어머니께서 경찰서로 좀 와주셔야겠습니다"라고 했다. 아들이 다시 전화를 건네받아 "엄마, 미안해" 하고 말했다. 너무 갑작스러웠지만 아들의 말 한마디에 눈물이 났다. 나는 정신없이 경찰서로 달려갔다. 담당 경찰관께서 사정을 자세히 설명해주셨다. 아들을 포함한 4명이 편의점에서 담배를 훔쳤다는 것이다. 그런데 아들이 자기 가방에 담배를 넣었기에 아들 죄가 제일 컸다. 나는 사건경위서에 사인을 하고 아들을 태워 그 편의점 사장님을 찾아갔다. 사과를 드리며 당장 합의부터 해야 했다. 그렇지 않으면 학생기록부에 기록이 남는다는 것이었다. 4명의 아이가 편의점 사장님께 사과 인사를 드리고 나는 편의점 사장님과 면담했다.

"정말 죄송합니다. 사장님 어떻게 변상해 드려야 할까요?" 했더니 편의점 사장님께서는 이때까지 없어진 담뱃값에 3배 배상으로 120만 원을 말씀하셨다. 담배 한 갑을 훔친 것치곤 합의금이 컸다. 하지만 합의를 해야 했기에 사장님이 말씀하신 금액을 드릴 수밖에 없었다. 나머지 3명의 어머니를 만나봤지만 한 학생의 어머니만 합의금 일부를 보태줄 뿐 다 나 몰라라 했다.

그 일이 있고 나서 나는 아들과 많은 대화를 했다. 왜 담배를 훔치게 됐는지 물어봤다. 학생들 사이에서 그 편의점은 담배 훔치기 쉬운 가게로 소문이 나 있었다고 한다. 그래서 친구들과 호기심으로 정말 훔칠 수 있는지 해보기로 했다고 했다. 실제로 그 편의점은 계산대 뒤에 담배진열대가 있는 다른 편의점과는 달리 계산대 옆 그것도 라면 국물 버리는 쓰레기통 윗부분에 담배판매대가 있었다. 그렇게 담배판매대가 설치된 편의점은 처음 봤다. 아들은 호기심으로 시작한 일이 절도라는 범죄로 이어진다는 것을 배우며 느낀 점이 많았을 것이다.

아들이 고등학교 3학년일 때 내가 사기를 당하고 이혼하는 과정을 지켜보게 되었다. 그 과정에서 힘들었던 아들은 가출도 하고, 친구들에게도 힘듦을 토로했다고 했다. 나는 아들 인생에서 제일 중요한 시기에 아픔을 겪게 한 데에 늘 죄진 기분이었고 미안함으로 가슴이 아팠다. 아들은 친구들과 싸움 한번 한 적이 없는 착한 아이다. 내게 제일 큰 행복은 아들이다. 내가 가진 것 중에 제일 소중하며 값진 것이다. 마음이 따뜻하며 정이 많은 아이다. 사랑을 나누어줄줄 아는 아이다.

이 소중한 아이가 배 속에 있을 때 태변을 먹어 태어나자마자 인큐베이터에서 3주를 있다가 퇴원했다. 뱃속에서 경직된 자세로 있어서 한쪽 목에 사경 증상이 있었다. 처음에 아이 목에 혹 같은 게 있어 놀라 병원을 찾았더니 사경이라는 진단을 받았다. 시골에서 장사하던 나는 대구에 있는 병원까지 물리치료를 받기 위해 일주일에 한 번씩 버스를 타고 6개월 된 아이를 안고 다닌 기억이 있다. 밤마다 엎드린 채로 자게 하며 짧은 목의 근육을 늘리기 위해 고개를 바닥을 보게 해서 재워야 했다. 걸음마를 시작하면서 자꾸 까치발을 들길래 혼내기만 하다가 이상하다 싶어 병원에 갔더니 아킬레스건이 다른 아이들보다 짧다고 "나중에 군대는 면제받을 겁니다. 어머니"라고 하셨다.

아킬레스건이 짧게 태어났기에 이것도 늘려주는 재활치료와 보조기를 착용해야 했다. 성장기 동안 계속 차야 하는데 여름이면 불편하고 잠을 자면서 힘들었을 것이다. 신발 깔창도 깔아야 했고, 일주일에 한 번씩 재활치료를 받으며 이것저것 고생을 많이 했다. 아들은 재래식 변기에서는 변을 보지 못한다. 아킬레스건이 짧아 쭈그려 앉으면 뒤로 넘어진다. 어느 날 아들이 울면서 내게 "엄마. 나는 왜 이렇게 태어난 거야? 목도 삐딱하고 뒤꿈치도 짧고 쭈그려 앉으면 뒤로 넘어지고?"라고 한 말이 잊히지 않는다.

그 말을 들으며 나는 아들에게 미안한 마음밖에 들지 않았다. 그렇지만 아들은 이 모든 걸 잘 견뎌내고 씩씩하게 자라주었다. 나는 이렇게 성장한 아들을 보며 너무 대견하고 감사하고 또 감사하다.

군대 신검이 나와 예전에 물리치료를 받았던 병원에 진단서를 끊으러 갔더니 조금 애매해서 면제까지는 힘들 것 같다는 소견을 받았다. 아들은 쭈그려 앉을 때 뒤꿈치가 바닥에 다 닿지 않아 지금도 쭈그려 앉는 것이 불편하다. 그래서 아들은 육군 대신 대형면허를 따 해군에 지원하게 되었다. 본인의 취약한 부분을 알고 스스로 대형면허를 따 운전병으로 지원하는 아들을 보

어떤 삶을 살든 자기 사랑만큼은 절대 양보하지 마라

며 이제 어엿한 성인이 다 된 모습에 대견스럽고 든든했다. 아들은 코로나19 시절 그렇게 해군 운전병으로 입대했다. 나는 아들이 군대 있을 때 면회 한 번 가지 못했다. 코로나19로 인해 면회가 주말만 예약제로 가능했다. 나는 차가 없었기에 수원에서 진해까지 갔다 오는 것이 만만치가 않았다. 내 사정을 잘 알기에 아들은 날 염려하며 휴가 때 보니까 굳이 안 와도 된다고 했다. 지금 돌이켜보면 아들이 입대한 동안에 추억이 없어 아쉽고 그 부분이 또 미안해진다.

나는 아들이 포항에서 초등학교를 졸업하고 구미에서 중학교를 입학할 때도 혹시 왕따라도 당하지 않을지 걱정했다. 아들이 신체 구조 때문에 군 생활도 잘 적응할 수 있을지 염려도 했다. 이런 내 걱정과 달리 아들은 학교도 잘 적응하며 친구들과 잘 지냈고 군 생활도 당당히 해내는 모습을 보여주었다. 정말 이런 보석 같은 아들이 내게 와준 것에 대해 감사할 수밖에 없다. 지금은 자기가 다니던 대학보다 조금 더 좋은 대학으로 편입해 그곳에서도 잘 적응하며 생활하고 있는 모습을 지켜보며 엄마가 힘들까 봐 걱정 끼치지 않는 착한 아들이고 효자라는 생각에 감사한 마음이다.

아들이 대학교를 입학했을 때 나는 스스로 모아놓은 돈 중 500만 원을 아들에게 보낸 적이 있었다. 아들은 내게 전화와 "엄마. 나는 이 돈 받을 수가 없어. 엄마가 어떻게 번 돈인 줄 아는데 내가 어떻게 받노? 그냥 마음만 받을게. 이 돈 그냥 엄마한테 써. 엄마 필요한 것 사고 엄마 맛있는 거 먹어. 옷도 좀 사입고"라고 이야기했다. 내 걱정부터 하는 아들을 보며 정말 장하다는 생각이 들었다. 결국 아들은 내게 다시 돈을 보냈고 나는 그래도 100만 원이라도 받아서 비상금으로 쓰라고 보내줬다. 내 인생을 돌아볼 때 날 웃게 만들고 기쁘게 만들어준 아들이기에 존재의 의미는 정말 클 수밖에 없다. 홀로서기를 하며 정말 힘든 날들의 연속이었던 상황에서도 견딜 수 있었던 것은 바로 아들이 있기에 가능했다. 정정당당히 번 돈으로 아들에게 용돈이라도 줄 수 있으며 나중에 짐이 되지 않기 위해 열심히 살 수밖에 없었다.

지금 내가 가진 것은 많지 않다. 그래서 행복하다. 세상에서 제일 가치가 있고 사랑스러운 아들이 내 곁을 든든히 지켜주고 있다는 것이 내게는 제일 큰 행복이고 기쁨이다. 또한 나는 세상을 바라보는 긍정적인 마음가짐을 가지고 있다. 나 자신을 사랑할 줄 알게 되면서 세상을 바라보는 시선이 바뀌었기에 나는 언제든 내가 가진 사랑하는 마음을 누구에게나 나눠줄 수 있다. 이제는 신께서 주신 재능으로 충분히 남을 도우며 살아갈 수 있음을 안다. 어떤 상황에서도 맛있는 음식으로 사람들에게 봉사할 수 있으며 따뜻한 마음도 나누어 줄 수 있다. 우리가 삶의 가치를 어디에 두느냐에 따라 내게 소중한 가치들도 바뀌게 된다. 물질욕에 빠져 사랑을 잃어가고 있는 이 시대에 진정 사랑이 무엇일까? 내가 최우선으로 두어야 할 가치가 무엇일까? 고민해볼 필요가 있다.

어떤 삶을 살든 자기 사랑만큼은 절대 양보하지 마라

당신은 더
행복해져야 할 사람이다

우울도 습관이다. 나도 우울증을 겪어봤기에 누구보다 그 심
정을 잘 이해한다. 그 바탕은 자신을 사랑하지 않은 데서부터 시
작이다. 자신의 소중함을 알지 못하기에 스스로 많은 부분을 포
기하게 된다. 그러기에 삶 자체가 소중하지 않으며 삶의 흥미도
느끼지 못한다. 우리에게 주어진 이 하루하루가 얼마나 소중하
고 귀중한 시간임을 깨닫지 못하는 것이다. 어쩌면 자신의 기대
치가 너무 큰 데서 오는 것일 수도 있다. 그래서 우리는 아주 사
소한 부분들부터 감사하며 그 속에서 행복을 찾아야 한다. 행복
감은 누가 주는 것이 아닌 자신에게서 찾아 누리는 것이다. 그
것을 깨닫지 못했을 때는 늘 행복에 굶주리며 사랑에 목말라 있
다. 그래서 그릇된 사랑을 하게 된다. 그 결과로 상처를 받는 쪽
은 자기 자신이다.

우리는 누구나 행복을 누릴 권리가 있다. 하지만 그 행복감은 스스로 찾는 것이다. 마음에서부터 우러나오는 것이고 그 행복의 상태를 유지하며 지내는 것도 일종의 훈련이다. 그러기에 늘 마음 깊숙한 곳에서의 울림을 귀 기울일 필요가 있다. 본질적인 행복감은 내면 깊숙한 곳에서부터 우러나온다. 삶의 매 순간을 내면에 귀 기울이며 살아가야 하는 것이 정말 중요한 이유이기도 하다. 그 속에는 행복감과 사랑과 감사가 공존하고 있기 때문이다. 우리의 내면은 신의 신성한 사랑과 연결되어 있다. 그러기에 가슴에서 우러나오는 신의 신성한 사랑의 에너지를 매 순간 느끼며 살아갈 수 있고 그 사랑을 나눠줄 수 있는 것이다.

나는 우울증약을 5년간 복용했다. 우울증을 겪어봤기에 무서움을 안다. 무기력감과 공포와 불안의 연속임을 누구보다 더 잘 안다. 하지만 우리는 이것들을 극복할 힘들을 지니고 있다. 내가 어떤 마음을 가지느냐에 따라 그 치유의 힘도 작용하는 것이다. 우울증을 겪는 것도 자신을 사랑하기 위해 나아가는 과정일 수 있다. 우울증을 겪으며 자신의 소중함을 깨닫게 되었으며 내게 주어진 삶이 얼마나 감사한지도 깨달을 수 있었다. 내게 주어진 삶 자체가 소중하며 내 존재 자체가 감사한 것이다. 인생은 누구를 위한 삶이 아닌 오로지 자신을 위한 삶이다. 우리 사회는 서로가 공존하는 사회이기는 하나 그 중심에는 항상 자신이 있어야 한다. 삶에서 그 주최가 흔들린다면 앞길에 나타난 장애물들을 제대로 헤치고 나아가지 못하게 된다. 당신은 세상에서 제일 아름다운 존재다. 그 사실을 잊지 말고 용기를 가진다면 그 누구나 삶 속에서 주는 행복감을 누리며 살 수 있을 것이다. 사소한 행복이 주는 기쁨을 알게 될 것이다. 살아가며 내 삶 속에 행복의 주문을 걸어보는 건 어떨까?

나는 지금 이 순간 너무 행복해!
나는 이 세상에서 제일 행복한 사람이야!
나는 사랑받기 위해, 행복하기 위해 태어났어!
내게 행복을 누리게 해주는 모든 것들이 감사해!

거울을 보며 자신에게 주문을 걸고 행복감에 충만한 자신의 모습을 심상화해보라. 잠시 후 정말 행복감에 젖어있는 자신의 모습과 마주할 수 있을 것이다. 이렇듯 우리는 매 순간 행복감을 누리며 살아갈 수 있는 것이다. 내가 그 행복을 느끼지 못하고 행복하다 의식하지 않았기에 행복을 느끼지 못하며 지나가는 것일 수도 있다. 우리 삶은 행복의 연속이다. 내가 누리는 모든 것들에 감사한 마음을 가진다면 행복은 덤으로 따라온다.

마음이 편할 때 행복감도 더욱 느끼게 되는 것 같다. 그 편안함은 긍정적인 사고에서부터 온다. 이왕이면 모든 상황을 부정적인 사고가 아닌 긍정적인 사고로 생각하는 건 어떨까? 어차피 내가 부딪혀야 하는 상황이고 내가 성장하는 데 필요한 과정들이다. 그러기에 삶을 대하는 태도를 긍정적으로 받아들인다면 화, 슬픔, 분노도 생기지 않을 것이다. 이런 부정적인 생각들이 내가 가진 에너지를 다운시키는 것이고 행복을 누리지 못하게 방해하는 것들이다. 나 스스로 좋은 감정을 유지하기 위해 노력한다면 매 상황들을 긍정적으로 받아들일 수 있을 것이다.

행복감은 사람을 절로 미소 짓게 만든다. 우리는 나이가 들어감에 따라 얼굴에서 그 사람의 인생을 엿볼 수 있다. 그 사람이 평상시 하는 생각들이 얼굴에 고스란히 남아 있게 된다. 늘 미소 지으며 사랑이 가득한 사람의 얼굴은 표가 나게 되어 있다. 그런 얼굴은 다른 사람들도 편안하게 만드는 것 같다.

지금의 내 얼굴에서 풍기는 아우라도 내가 만들어낸 것이다. 거울 속 비친 자기 얼굴을 한번 바라보자. 나는 지금 진정 행복감 속에 취해 인생을 살아가고 있는가? 그것은 내 얼굴 속에 다 나타나 있다. 평상시 하는 생각들이 얼굴 안에 고스란히 간직된 것이다.

누군가가 당신에게 "지금, 행복하시냐?"고 묻는다면 당신은 과연 망설임 없이 "네. 지금 정말 행복합니다"라고 답할 수 있을 것인가?

스스로 물어보자. 행복을 느끼는 감정도 내가 만들어내는 것이다. 그러기에 내가 어떻게 받아들이느냐가 중요하다고 생각한다. 길을 가다 보면 어린아이들의 천진난만한 미소를 보게 된다. 우리에게는 그 어린아이 같은 순수한 감정이 필요한 것일 수도 있다. 현실세계에 푹 빠져 살아가기에 감정이 너무 메말라

어떤 삶을 살든 자기 사랑만큼은 절대 양보하지 마라

있다. 가끔은 어린아이의 심정으로 돌아가 세상을 바라볼 필요가 있는 것이다. '나도 저 나이 때는 저런 마음이었는데 지금의 나는 왜 이렇게 삭막하게 변했을까?' 자신을 되돌아보며 '왜?'인지 되물을 때 내가 누리지 못하는 행복감도 찾을 수 있을 것이다. 항상 명심할 것은 "나는 소중한 존재다"라는 사실이다.

가끔 정말 행복했던 순간들을 회상해보는 것도 행복을 유지하는 비결일 수 있다. 우리는 많은 인생의 장면들을 그리며 살아간다. 하지만 그 속에서 느끼는 감정은 다 같지 않다. 여자들이 느끼는 행복 중 하나는 출산일 것이다. 고통과 함께 수반되는 행복이다. 출산의 아픔과 인고를 겪고 난 뒤라야 귀중한 생명이 주는 행복을 느낄 수 있다. 이 귀중한 생명을 바른길로 잘 키우기 위해 많은 사랑과 애정을 쏟아야 한다. 그 과정에서도 우리는 행복감을 느끼며 그 행복감은 아이에게 사랑으로 다시 되돌려주게 된다. 이런 인생사들이 다 행복의 연속이고 행복을 찾아가는 여정인 것이다. 이렇듯 우리는 진정한 행복을 느끼기 위해 매 순간을 감사함으로 받아들여야 한다.

당신은 더 행복해져야 할 사람이란 걸 잊지 말기를 바란다. 당신의 존재를 절대 하찮은 존재로 생각해서는 안 된다는 것이다. 당신은 알지 못하지만 당신 주위에는 수많은 수호천사가 당신을 보호해주고 있다. 당신이 설계한 인생 과제를 잘 수행할 수 있게 옆에서 도와주고 있는 존재들이 많다는 것을 늘 의식하고 살아간다면 이 여정이 더없이 행복하기만 할 것이다. 지금 당장 이 힘들다고 절대 삶에 대해 부정적으로 생각할 필요는 없다. 이 모든 과정은 성장하는 단계이며 그 속에서 사랑과 행복을 깨달아가는 과정이다. 우리가 겪는 수많은 고난을 감사함으로 받아들인다면 그 속에는 더 큰 기쁨과 행복이 숨어있을 수 있다. 물론 고난 속에 있을 때 감사를 느낀다는 것이 힘들다는 것을 안다. 지금 당장 힘듦이 더 크기 때문이다. 하지만 누구에게나 시련은 오는 법이다. 그것 또한 내가 마스터해야 하는 과정이다. 우리에게 주어지는 모든 것들을 자연스럽게 인정하며 받아들인다면 고난과 슬픔, 아픔도 다 이겨낼 수 있다. 우리에게는 이 모든 상황을 이겨낼 힘이 충분하다는 것을 늘 생각하며 살아간다면 이 여정이 더 즐거운 여정이 될 것이다.

행복의 정의는 내가 내리는 것이다. 지금 자신을 사랑하는 감정으로 내 인생을 되돌아본다면 내가 가진 것들이 얼마나 많은지, 내가 얼마나 큰 행복 속에 살고 있는지 깨달을 수 있을 것이다. 인생의 주인공은 바로 당신이라는 것을 매 순간 생각하며 살아가자. 누구를 위한 삶이 아닌 나 자신이 행복해지기 위해 살아가야 함을 명심하자. '이때껏 나는 왜 이렇게 살아왔을까?' 하며 후회할 필요는 없다. 그 모든 선택은 내가 한 것이며 앞으로 지금보다 더 행복하게 살면 되는 것이다. 그러기 위해 누구보다 소중한 자신을 사랑해주며 아끼며 보듬어줘야 한다. 모든 행복감은 사랑함으로 인해 느끼는 감정들이다. 두 눈을 감고 고요 속에서 행복감을 느껴보자. 내 온몸을 감싸는 이 사랑스러운 감정들을 느껴보자. 이 편안함에서 오는 행복감 또한 느껴보자. 우리가 지나쳤던 사소한 감정들이 다 행복을 가져다준 감정들이란 것을 깨달으며 생활해보자. 일상이 가져다주는 행복감이 얼마나 큰 것인지 깨닫게 될 것이다. 이런 행복한 상태일 때 우리는 더 사랑하는 사람이 될 수 있는 것이다. 당신은 이 세상에 사랑받기 위해 태어났고 행복하기 위해 살아가고 있음을 항상 기억하자.

06___ 다 용서하라,
그리고 자기 사랑을 완성하라

지금껏 살아오며 내게는 용서해야 할 사람들이 많음을 깨닫는다. 우리는 가슴속에 사람에 대한 배신과 절망감으로 앙금을 간직한 채 살고 있는지도 모른다. 인생의 목표인 자기 사랑을 완성하기 위해 우리는 지난날 속에 아픈 기억으로 남아 있는 것들을 용서함으로 내 속에 있는 상처들을 치유해야 한다. 나는 이혼 후 수많은 구설에 휘말렸다. 물론 원인제공을 한 내 잘못이 제일 크다. 죄지은 자라는 굴레 속에 나를 가둬두며 그 구설수들을 듣고 나 스스로 인내할 수밖에 방법이 없었다. '언젠가는 내 진실을 알아주지 않을까?' 하는 희망을 간직한 채 살았다. 나의 20년의 세월을 도둑맞은 기분이었고 자신을 자책한 수많은 날에 대해 이제는 그들을 용서하며 홀가분하게 다 털어버리고 자기 사랑을 완성하려 한다.

어떤 삶을 살든 자기 사랑만큼은 절대 양보하지 마라

같이 어울리며 친하게 지냈던 3명의 친구와 동생, 언니가 있었다. 내가 이혼 후 이 3명의 지인이 내 험담을 하는 것을 전해 들으며 본인들이 유리한 쪽으로 모든 잘못을 내게 씌우는 걸 지켜봤었다. 나는 그런 상황들을 해명할 처지가 아니었다. 억울한 마음, 분한 마음이 없는 건 아니었지만 나는 자신을 자책할 뿐 할 수 있는 것이 그 당시에는 없었다. 그러다 세월이 지나 무덤 덤해졌지만 내 가슴속에는 아직 상처로 남아 있다는 것을 깨달 았다. 누구나 실수하며 잘못을 저지르며 살아간다. 내가 잘못한 부분도 있고 그들이 잘못한 부분도 있다. 그러한 부분들을 가슴 속에 간직한 채 살아간다면 무의식중에 불쑥불쑥 분한 마음으로 올라오게 된다. 이런 분노의 마음은 독소로 작용하게 된다. 우리 마음속을 늘 사랑으로 채우며 살아가기 위해서는 이러한 독소들을 치유하며 정화해줄 필요가 있다. 그러기 위해 그 감정 들을 날려버려야 한다. 그들을 진정으로 용서해주며 내 무의식 속에 있었던 감정들을 날려 보내야 한다. 가슴에 손을 얹고 그 들을 용서하며 행복을 빌어주는 기도를 드린다.

"이제는 당신들을 다 용서했습니다. 내게 이런 용서의 마음을 가질 수 있게 해줘 고맙습니다. 살아가며 삶을 배워가는 과정이 었고 우리는 그 일들을 통해 더 성숙하게 성장할 수 있었습니 다. 이제는 추억으로 떠올릴 수 있을 만큼 무덤덤해졌지만, 서 로가 아직 미움의 감정들이 남아 있었다면 이제는 서로가 훌훌 털어버립시다. 그리고 이 용서의 마음으로 사랑의 마음으로 세상을 바라봅시다. 부디 모두가 행복하기를 소망해봅니다. 행복 하십시오!"

　마음 한편에 자리 잡고 있던 지인들에 대한 감정들을 용서하며 행복을 빌어주며 흘려보냈다. 이제 이 자리에 다시 사랑이라는 감정이 들어오게 되었다. 우리에게는 용서하지 못할 일들이란 없는 것 같다. 내가 용서하며 놓아주면 그만인 것을 끌어안고 살아가고 있는지도 모른다. 어쩌면 내 집착일 수도 있다. 내 삶을 부정하는 것이라고 생각한 채 끌어안고 살고 있는 것이다. 그런 불필요한 감정들을 제거하지 않으면 언젠가는 다시 그 감정들은 내 외면으로 나올 수밖에 없다. 이제는 불쑥불쑥 떠오르는 생각들에서 자유로워지자. 그러기 위해 여러분들도 마음속에 앙금이 되어 남아 있는 이들을 용서하며 사랑으로 보듬어주자. 이런 과정은 그들을 위해 필요한 것이 아닌 나를 위해 필요한 과정이다. 내가 더 사랑하며 행복해지기 위해 꼭 제거해야 하는 감정들이다.

　내게는 같이 일하며 알게 된 언니가 있다. 나랑은 성격이 정반대이며 좀 수다스럽다. 같이 일하는 동안 힘들었다. 나는 그 언니를 생각하면 머리가 지끈거림을 느낀다. 하지만 그 언니의 단점만 생각하며 색안경을 쓴 채 그 언니를 평가했는지도 모른다고 생각해본다. 같이 일하며 그 언니가 날 위해 배려해준 마음을 헤아리지 못했다. 내가 직책이 더 높다는 이유로 그 언니를 갈구었는지도 모른다. 그 언니도 나로 인해 상처받았을 수도 있다. 하지만 나는 그런 언니의 입장에 대해 생각해보지 않았다. 그저 수다스러워 같이 있으면 머리가 지끈거린다고만 생각했다. 목소리를 듣는 것만으로도 힘들다고 느꼈다. 스스로가 선을 그어놓고 있음을 깨달았다. 일종의 선입견일 것이다. 외형만 보고 평가하며 부정적인 것들로 선을 그은 것이다. 그 사람의 내면은 보지 못하고 그 사람의 입장을 생각해보지 않았다. 그 입장에서 한 번이라도 생각해보고 그 사람을 평가했는지 내게 다시 묻고 싶다. 대답은 '아니다'였다. 이제 나의 이런 감정에 대해 다시 생각하며 선 그어놓은 감정들을 흘려보낸다. 항상 그 사람의 입장에서 다시 생각해봐야 한다. 우리는 다 소중한 존재이기에 다 같은 입장이다. 그 사람의 인격체를 존중해주며 대해야 함을 그때는 알지 못했다.

"언니. 미안해요. 내가 툴툴거리며 갈구고 한 것 사과드립니다. 철없이 언니한테 행동한 것들을 생각하며 자기반성의 시간을 가져봅니다. 언니가 날 위해 해주었던 배려들 많이 고맙게 생각합니다. 언니가 열심히 살아가는 모습을 늘 응원하며 언니 가정에 행복과 축복만 가득하길 기도드립니다."

언니에 대해 안 좋게 생각했던 감정들을 언니의 행복과 축복을 빌어주며 흘려보냈다. 가슴 한쪽에 자리하고 있었던 감정을 비운 기분이다. 그 속에 다시 사랑의 감정을 채울 수 있게 되었다. 나는 감정도 비워야 그곳에 공간이 생기며 다시 무언가를 채울 수 있다는 것을 알지 못했다. 이 마음속에 수만 가지 곪아 있는 감정들로 꽉 채워둔 채 새로운 감정을 갈구하고 있었는지도 모른다. 이런 감정들을 하나하나 되짚어 흘려보냄으로 새로운 사랑의 감정이 싹틀 수 있음을 깨닫게 된 것이다. 이 가슴속에서 반짝반짝 빛나고 있는 사랑의 빛이 느껴진다.

나는 지난날 모임 자리에서 만난 사람들을 평가하곤 했다. 참 잘못된 행동임을 그때는 알지 못했다. 누구나 자신만의 삶의 철학이 있으며 인생이 있다. 그건 그 사람의 인생이며 그 인생 또한 그 사람의 선택으로 이루어진 것이다. 그 인생을 평가하고 비판할 권리는 누구에게도 없다. 그 사람의 삶을 응원해줘야 하며 축복해줘야 한다는 것을 알지 못한 것이다. 지난날의 경솔했던 기억들이 스쳐 지나간다.

"야! 쟤는 왜 저렇게 사니?"하며 누가 나에 대해 비판했다면 상당히 기분이 나빴을 것이다. 하지만 내가 이렇게 사람들을 비판했었다. 이런 행동들로 인해 상대방들이 받았을 감정들에 대해 용서를 구한다. 이제는 그들의 삶을 손뼉 치고 응원해주며 살아가고 있다. 인간은 완벽하지 않기에 살아가는 삶을 통해 교훈과 깨달음을 얻으며 삶의 지혜를 터득해나가는 것이다. 그 삶에 대한 평가는 오로지 본인 몫이며 책임 또한 본인에게 있는 것이

어떤 삶을 살든 자기 사랑만큼은 절대 양보하지 마라

다. 그러기에 우리는 다른 사람의 삶을 평가할 자격이 없다. 옆에서 그 사람이 인생의 목적을 달성할 수 있기를 조용히 응원해주는 길밖에 없는 것이다. 길을 걷다가 만나는 수많은 사람을 바라보며 나는 마음속으로 '이 모두가 행복하게 사랑하며 살아갈 수 있기를 소망합니다'라고 기도한다.

　마음을 다스리는 일은 결코 쉬운 일이 아니다. 이 마음이란 감정이 자신을 지배할 수도 있다. 우리는 살아가며 마음이란 감정에 치우쳐 생활할 때가 많다. 이 마음을 다스리는 것 또한 우리가 살아가며 터득해야 하는 과제일 것이다. 이 마음속에 자리하고 있는 감정들을 잘 살펴보자. 미움과 슬픔, 분노와 같은 감정들은 우리의 에너지를 떨어뜨리는 감정들이다. 이런 감정들을 유심히 살펴 이 감정들이 생기게 된 과정을 생각하며 이 감정에서 벗어나기 위해 용서의 힘을 발휘해야 한다. 두 눈을 감고 이 마음속에 집중해보자. 어떤 감정이 제일 먼저 떠오를까? 제일 먼저 떠오르는 감정이 지금의 감정 상태를 보여주는 것이다. 이런 감정 상태가 나의 색깔로 나타나게 된다. 이왕이면 이 감정에 긍정적인 감정들로 꽉 채운다면 우리는 항상 밝고 긍정적인 것들만 끌어당기며 생활할 수 있을 것이다.

　용서란 남을 용서하는 것일 수도 있지만, 그 사람을 용서함으로 사랑을 배우며 자기 자신을 사랑하는 법을 배우게 되는 과정이다. 더 이상의 죄책감도 분노도 없는 평온한 삶으로 가는 길인 것이다. 내가 먼저 화해의 손길을 내민다면 상대방도 진심으로 화해를 받아줄 것이다. 또한 그 상대방도 남에게 먼저 손을 내밀 수 있는 자로 거듭날 수 있다. 이처럼 용서의 힘은 퍼져나간다. 우리는 살아가는 과정 중에 일어나는 모든 일들에 사랑의 에너지를 더한다면 아픔도 슬픔도 화남도 사랑으로 다시 승화될 것이다. 내가 먼저 손 내밀어 아름다운 사회를 만들어나가는 건 어떨까? 누구를 위해서 그렇게 하는 것이 아닌 내가 행복해지며 자신을 사랑하기 위한 것이다. 아직도 마음속에 앙금으로 남아 있는 것들이 있다면 지금 당장 용서와 화해의 손길을 내밀어보자. 누구도 아닌 당신을 위해 그렇게 해보는 것이다.

어떤 삶을 살든 자기 사랑만큼은 절대 양보하지 마라

07___ 더 많이 사랑하는 사람이 더 행복하다

사랑은 무엇보다도 자신을 위한 선물이다.

_ 장 아누이(Jean Anouilh)

사랑의 완성은 무엇일까? 사랑은 주는 사람도 받는 사람도 아무 조건 없이 주고받을 때 더 아름답게 빛나는 것 같다. 우리는 인생을 살아가며 사랑하는 법 또한 배워나간다. 사랑하는 사람을 만나 결혼이라는 울타리를 만들고 그 속에서 사랑의 결실로 소중한 아이를 얻는다. 그 아이는 부모의 조건 없는 사랑 속에서 성장해야 함이며 그 아이가 온전히 자신의 삶을 살아갈 수 있도록 옆에서 도와주어야 하는 것도 부모의 몫일 것이다. 하지만 부모는 아이를 자신의 소유물로 생각하는 경우가 많다. 그러기에 동반자살 같은 사회현상도 일어나는 것이다. 내 인생이 중요하듯 각자의 삶은 중요하고, 그 삶도 존중해줘야 한다. 실패를 거듭하며 성장하는 것이며 그 속에서 삶의 교훈을 얻는 것이 인생사이기 때문이다.

사랑의 힘은 실로 대단한 것 같다. 누구에게나 불편한 사람이 있다. 하지만 어떤 사람은 한없이 편하고 그 사람을 볼 때 내 맘속에서 뭔가가 꿈틀거림을 느낀다. 그건 바로 그 사람만이 가지고 있는 사랑의 에너지 때문이다. 그 에너지가 퍼져나가기에 상대방까지 사랑의 에너지로 물들어가는 것이다. 우리에게 제일 필요한 것은 사랑의 감정이다. 사랑의 감정으로 치유하지 못할 것은 없다. 그러기에 늘 자신을 사랑하며 주위의 물질과 비물질까지도 사랑하는 마음을 가지고 살아간다면 그 사랑의 빛은 멀리 퍼져 큰 빛을 이룰 수 있을 것이다. 사랑은 전염되어 여기저기로 퍼져나가기에 더 많이 사랑하는 사람이 더 행복해지는 이유이다.

나는 아무 연고도 없는 수원에서 정착하며 힘들고 외로운 시절을 이겨내야 했다. 퇴근해서 이야기할 사람도, 같이 저녁 먹을 사람도 없었다. 지친 하루를 마감하며 내일 또 일하러 나갈 직장이 있다는 것만도 감사하게 여기며 하루하루를 살아가고 있었다. 어느 정도 일이 익숙해지니 친구들을 사귈 수 있는 여유도 생겼다. 그러던 중 알게 된 오빠가 있다. 둘 다 이혼의 아픔을 겪은 터라 공감대가 형성되었다. 같은 경상도 출신에 둘 다 성격도 털털했다. 진지한 만남을 가져보기로 하며 만남을 이어갔

어떤 삶을 살든 자기 사랑만큼은 절대 양보하지 마라

다. 40년을 넘게 각자의 방식대로 살아왔는데 그 방식을 하루아침에 바꿀 수는 없는 것이다. 처음에는 견해차로 많이 싸우기도 했지만, 서로를 위하는 마음을 알게 되면서 서로 양보하는 법을 배우며 사랑하는 법도 배워나갔다. 오빠는 날 위해 배려하는 마음이 컸다. 내가 예민하게 생각하는 부분들을 본인이 조심히 해주는 것이 눈에 보였다. 사실 남녀의 만남에서 서로를 배려해주는 마음이 차지하는 비중은 큰 것 같다. 그 배려하는 마음이 없다면 사랑의 감정도 행복도 느낄 수 없을 것이기 때문이다.

헤어졌다 만나기를 몇 차례 반복했었다. 그런 과정에 깨달은 것이 있었다. 내가 한 발짝 양보해주며 더 사랑해줘야 한다는 걸 알게 되었다. 내 욕심을 조금 버리고 조건이 없는 사랑을 주게 되었다. 그러니 상대방도 변화되는 모습이 보이기 시작했다. 급한 성격에 욱하는 성격도 있지만, 이제는 누구보다 사랑을 베풀 수 있는 사람으로 변했다. 이제는 내가 해줬던 사랑보다 더 많은 사랑을 내게 준다. 서로를 존중하며 사랑해주게 되니 싸울 일도 없어졌다.

오빠는 내가 좋아하는 음식이 있으면 본인은 먹지 않고 내게 양보한다. 이런 모습을 보며 엄마의 모습이 떠오른다. 자식들을 위해 본인이 드시고 싶으셔도 드시지 않고 양보하시는 모습이 오버랩된다. 사소한 배려와 이해가 더 큰 사랑을 만들어내는 것이다. 나는 오빠를 보며 사랑의 힘이 정말 크단 걸 다시 한번 느낄 수가 있었다. 사랑은 내가 주는 것 이상으로 배가 되어 내게 다시 돌아오는 것이다. 그러기에 사랑은 줄 때가 더 아름답다. 내가 베풀어야 그 이상을 다시 받을 수 있기 때문이다. 이 사랑의 감정이 충만하다면 매 순간순간은 행복감으로 가득 찰 것이다. 이런 우릴 주위의 아시는 분들께서는 행복을 빌어주며 축복해주신다. 이제는 내 옆에서 내가 뭘해도 믿어주며 응원해주는 든든한 반려자의 역할을 해주고 있다. 참 내게 고맙고 감사한 사람이다.

오빠를 만나며 오빠 회사 사장님과도 친해지게 되었다. 나는 그 분을 보며 참 요즘 세상에 보기 드문 분이란걸 볼 때마다 느낀다. 그분은 어려웠던 시절 낮에는 현장에서 일하시며 밤에는 호프집을 운영하시며 돈을 아끼기 위해 호프집 바닥에 신문지를 깔고 주무시기까지 하셨다고 하신다. 어려운 시절 누구의 도움도 받지 않고 혼자 일어서셨다고 하셨다. 지금은 여러 팀장과 직원을 책임지고 계신다. 그분은 버는 만큼 고생해준 직원들에게 되돌려주시는 분이셨다. 월급 외 보너스를 따로 챙겨주며 집안 경조사는 물론 집안 식구들까지 다 챙겨주시는 모습을 지켜봤다. 고향인 서천에 여러 가지 방법으로 도움을 주고 계셨다. 그분을 뵈며 그분은 사랑이 참 많으신 분이란 걸 느낄 수가 있었다. 직원들을 내 식구처럼 챙기는 사장님은 흔치 않다. 직원들의 노고를 배 이상으로 더 챙겨주신다. 그분은 그분 방식으로 사랑을 베풀며 그 속에서 행복을 느끼고 계셨다. 그 사장님이 베푸신 은혜는 나중에 자제분에게 복으로 돌아갈 거라 나는 생

어떤 삶을 살든 자기 사랑만큼은 절대 양보하지 마라

각한다. 이런 분들이 많아진다면 지금의 세상보다 더 밝은 미래가 그려지지 않을까? 우리 모두가 이런 사랑을 베풂으로 시너지 효과를 얼마든지 낼 수 있다. 사랑의 정답은 없는 것 같다. 내가 사랑을 주었을 때 행복하고 더 사랑을 주고 싶은 마음이 사랑이 아닐까? 생각해본다.

우리 삶의 곳곳에는 우리에게 아무 조건 없이 사랑을 주는 존재들이 많다. 우리가 그것을 사랑이라 느끼지 못하고 인식하지 못할 뿐이지 그 자리에서 묵묵히 우릴 위해 사랑을 방사하고 있었다. 요즘 둘레길을 가면 형형색색 꽃들이 피어 우리에게 사랑의 에너지를 보내주고 있다.

우리는 그 꽃들이 뿜어내는 에너지와 향기를 흡수한다. 우리 마음속에 그 꽃들에 대한 사랑이 존재하지 않는다면 고마움도 느끼지 못할 것이고 그 꽃들이 주는 사랑의 에너지도 온전히 흡수하지 못할 것이다. 이 세상에 그냥 존재하는 것들은 하나도 없다. 그러기에 우리는 그 존재들을 사랑과 감사의 마음으로 다시 바라볼 필요가 있다.

나무들이 모여 숲을 이루고 우리에게 그늘을 만들어주며 휴식할 수 있는 공간을 만들어준다. 요즘처럼 더운 날에 공원을 걷다 보면 나무 그늘이 주는 시원함에 감사한 마음이 안 들 수가 없다.

우리는 우리 인간만 생각하며 살아가다보니 자연이 우리에게 희생하며 공급해주는 것들에 대해 사랑하는 마음과 감사한 마음이 없다. 우리가 의식하지 않고 지냈던 모든 것들에 대해 감사한 마음과 사랑의 마음을 갖고 생활한다면 내게 더 큰 행복감이 찾아올 것이다.

아는 동생 부부가 있다. 그 부부는 캠핑을 좋아한다. 시간만 나면 둘은 바다로 캠핑을 떠난다. 어느 날 강원도 한 바닷가에서 굶주리고 있는 새끼고양이 한 마리를 집으로 데려왔다. 추운 겨울날 이 부부가 구조해주지 않았다면 얼어 죽었을 수도 있었다고 한다. 이 동생네 부부는 자식이 없었기에 이 고양이를 자식처럼 돌보며 지내기 시작하는 모습을 봤다. 어느 날 이 부부에게 또 한 마리의 고양이가 생긴 걸 보게 되었다. 한 마리라 외로울까 봐 한 마리를 더 입양해온 것이다. '하루'와 '루이'라는 이름을 지어주며 이제는 어디 갈 때마다 데리고 다닌다. 이 부부가 고양이를 키우게 되면서 부부의 정이 더 돈독해지고 밝아지는 모습을 보게 되었다. 고양이들을 대하는 모습을 보면 평소 알고 지내던 모습이 아닌 정말 사랑이 듬뿍 담긴 모습이었다. 어느 날 집에 가보니 아픈 고양이 두 마리를 더 데려와 치료해주고 있었다. 길에 버려진 유기묘를 그냥 지나칠 수 없어 데려왔다고 한다. 피부병이 걸려 얼굴 곳곳이 상처투성이였다. 그나마 동생이 데려와 치료해줘서 많이 나았다는 것이다.

이 동생은 "언니 내가 먹고 싶은 거는 안 사도 내 새끼들 먹을 간식은 꼭 사게 되더라"라고 말했다. 외출할 때면 항상 고양

어떤 삶을 살든 자기 사랑만큼은 절대 양보하지 마라

이 간식을 챙겨 다니며 길고양이들에게 밥을 주고 아픈 고양이는 없나 살피며 다녔다. 고양이를 기르면서 반려묘에 대한 사랑을 알게 되었고, 반려묘로 인해 자신이 더 행복해짐을 느끼며 살고 있다.

이런 따뜻한 마음을 가진 분들이 많다는 것을 안다. 우리가 사랑을 주는 대상이 누구이건 사랑을 베풀면 거기에서 행복감은 배가 되어 돌아오는 것 같다. 내가 더 행복해지기 위해서라도 더 많이 사랑하는 사람이 되는 건 어떨까? 누구를 위해서가 아니라 나 자신의 행복을 위해 아낌없는 사랑을 주는 사람이 되면 늘 그 사랑 안에서 행복한 삶을 누리며 살 수 있을 것이다. 어떤 상황에서건 사랑을 나눠주며 살아가자. 그 누구를 위해서도 아닌 내가 더 행복해지기 위해 아낌없는 사랑을 나눠주자.

5장

도전할 때마다
인생의 장면은
새로워진다

01___ 지금 즐기는 사람을
이길 방법은 없다

천재는 노력하는 사람을 이길 수 없고 노력하는 사람은 즐기는 사람을 이길 수 없다.

_ 롤프 메르클레(Rolf Merkle)

나는 2022년 12월에 자연드림 힐링 밥상에 취업하게 되었다. 자연드림은 알고 있었지만, 매장에서 판매되는 식재료로 자연드림 식탁까지 운영하고 있는지는 취업 후에 알게 되었다. 그곳은 일반 식자재마트에서 판매되는 재료를 쓰지 않고 오직 자연드림에서 판매되고 있는 식재료로 음식을 해 조합원과 비조합원들에게 판매되고 있었다. 예전에 자연드림을 이용할 때 채소들이 친환경, 유기농까지 있었지만, 지금은 항암 성분이 있는 항암 채소들까지로 늘어나 있었다.

그곳은 주방장이 없고 다 같은 실장으로 운영되고 있었다. 자연드림 식탁은 생긴 지 2년이 좀 넘었으며 시행착오를 겪으며 정착해나가고 있는 과정이었다. 주방장을 하셨던 분들이 근무하며 기존에 쓰던 조미료에 길들어져 잘 적응하지 못하고 그만두시고를 반복하고 있었다. 그래서 과장님께서는 주방장시스템을 없애고 서로 의논해 어떻게 하면 자연드림에 있는 좋은 재료로 암 환자분들까지 안심하고 드실 수 있는 음식을 만들 수 있을까를 서로 고민하며 음식을 만들자는 취지로 운영하고 계셨다.

　첫날 근무하며 항암 당근을 처음 먹어봤다. 당근의 향과 천연의 단맛에 아삭함까지 느껴져 계속 손이 갔다. 어떻게 이렇게 맛있냐고 물어보니 땅을 살리며 미네랄과 파이토케미컬이 풍부한 채소로 생산하기까지 자연드림에서 큰 노력을 기울였다고 말씀하셨다. 식당임에도 국산 고춧가루는 물론이고 국산 참기름과 참깨, 무항생제 닭, 돼지고기, 소고기까지 심지어 계란도 유정란을 사용하고 있었다. 일반 가정집에서도 잘 먹지 못하는 식재료를 사용하고 있었다. 식전에는 유기농 채소를 믹스한 샐러드도 제공하고 있었다. 나는 과장님께 "과장님. 이렇게 해서 남는 게 있나요?"라고 여쭤봤다. "당연히 팔면 팔수록 적자지만 자연드림에 이렇게 좋은 식재료가 있음을 알리며 암 환자분께서도 안심하고 드실 수가 있는 치유식을 만드는 것이 자연드림의 목표입니다"라고 말씀하셨다. 정말 좋은 취지라는 걸 알 수 있었다. 이렇게 음식으로 치료 못 할 것은 없다는 걸 보여주려 하신 대

어떤 삶을 살든 자기 사랑만큼은 절대 양보하지 마라

표님이 대단하심을 느낄 수 있었다. 또한 음식을 만드는 한 사람으로서 자부심을 느끼게 해주는 곳이었다.

먼저 근무하고 계시던 실장님께서 집에서 하던 스타일로 잘 이끌어가고 계셨다. 그 실장님과 나는 교대로 한 달씩 집밥을 맡아서 했다. 처음 적응 기간을 가지고 나서 내가 집밥을 해보니 여기 있는 식재료가 너무 좋은 것이었다. 나도 모르게 자연드림 마니아가 되었다. 나는 기존에 하던 내 스타일대로 집밥을 하기 시작했다. 식재료가 시중에서 유통되는 재료들과 성질이 달라 처음에는 당황하기도 했다. 특히 소금이 미네랄 소금이어서 시중 염도보다 낮았다. 소금을 넣어도 넣어도 간이 되지 않았다. 하지만 적응해보니 이 미네랄 소금이 끝맛이 달짝지근해 감칠맛을 내주는 역할을 한다는 것을 알게 되었다. 여기는 조미료가 없기에 기교를 부릴 수 없다. 식재료가 주는 본연의 맛을 살리는 것이 답이었다.

어느 날 조합원님께 전화가 왔다. 오늘 점심에 나온 시래기 무침이 너무 맛있다며 비법을 좀 알려 달라시는 것이다. 나는 스스로 하던 방식에서 조미료만 빼고 했는데 맛은 비슷하게 나왔다. 얼마만큼 정성을 쏟고 그 음식을 만드는 사람의 마음이 들어가느냐에 따라 음식의 맛도 달라지는 것 같다. 손님들이 점점 늘어가는 게 보였고 돌아가시는 손님들께서 맛있게 드시고 가셨다고 인사하고 가실 땐 정말 이루 말할 수 없는 자부심이 올라왔다. 나는 출근해서 집밥을 만들기 전에 늘 마음속으로 '오늘도 이곳을 찾으시는 분들께서 이 음식을 드시면서 행복하시고 건강하시길 희망합니다. 제가 만든 음식을 통해 제가 전해드리려는 사랑의 마음이 잘 전달되기를 희망합니다'라고 기도했다.

점심시간에는 웨이팅이 생기고 또 맛있게 드시는 손님들을 보며, 음식을 만드는 사람으로서 뿌듯했다. 비록 몸은 힘들지만, 마음만은 항상 행복했다.

이곳은 근무하시던 분이 계속 바뀌어서 체계가 잡혀 있지 않았다. 어느 날 과장님께서 날 부르시며 주방장을 좀 맡아서 해주면 어떻겠냐고 하셨다. 레시피도 좀 잡고 누가 만들어도 맛이 일정하게 나올 수 있게 체계를 잡아줄 것을 부탁하셨다. 나는 음식을 만드는 것이 즐겁기에 주방장 일도 흔쾌히 하겠다고 말씀드렸다. 그렇게 나는 근무한 지 4개월 만에 주방장 타이틀을 달게 됐다. 또한 주방장이 없는 시스템이었는데도 주방장을 맡기시는 걸 보며 과장님께서는 날 인정해주셨고 믿고 맡겨도 된다고 생각하신 듯했다. 자연드림 대표님께서는 전국에 힐링 밥상을 오픈할 계획이셨기에 타 매장 오픈 시 교육할 매장도 필요했다. 그래서 과장님께서는 그런 교육을 할 매장을 이곳에서 하길 원하셨다.

그러곤 얼마 있지 않아 광주매장이 오픈하기로 해 우리 매장으로 교육을 오시게 됐다. 나는 잡아놓은 레시피로 교육해드렸고, 조미료를 쓰지 않아도 충분히 맛있는 음식을 만들 수 있다는 것을 보여드렸다. 광주매장이 오픈하고 나서 담당 매니저님께 전화가 왔다. 우리 매장에서 먹었던 음식이랑 맛이 비슷하게 나왔고 손님들 반응도 좋다는 것이었다. 이럴 때 음식 만드는 사람은 제일 뿌듯하다. 또 나는 이렇게 좋은 재료로 암 환자분들까지도 안심하고 드실 수 있는 음식을 만드는 것에 늘 감사한 마음이었다.

괴산에서 힐러들과 주방장을 대상으로 한 워크숍이 있었다. 나는 그곳에 가서 다시 한번 놀랄 수밖에 없었다. 여성 힐러분들이 머리를 미신 분들이 많으셔서 다른 힐러분께 여쭤보니 머리에 사혈을 하기 위해 미셨다는 것이다. 머리카락이 있으면 사혈을 할 수 없다고 하셨다. 나는 그 모습을 보며 여자로서 하기 힘든 일까지도 하시는 분들이란 것을 느꼈다. 여기 힐러분들은 각자가 맡으신 암 환우분들이 있으셨다. 그분들을 케어해드리기 위해 직접 효과를 체험하시고 나서 그 경험을 토대로 한 분, 한 분을 케어하고 계셨다. 그분들을 보며 나는 대단하신 분들이심을 인정하게 되었다. 그저 돈을 벌기 위해 이 일을 하시는 게 아니라 사명감을 가지고 계셨으며 일에 임하는 태도도 남다름을 느낄 수가 있었다.

우리는 살아가며 수많은 일들을 하며 지낸다. 내가 좋아서 하는 일도 있을 것이고, 어쩔 수 없이 생계를 유지하기 위해 해야 하는 일들도 있을 것이다. 나도 생계를 위해 시작한 일이었지만 그곳에서 나의 재능을 발견했고 나도 무언가가 될 수 있다는 가능성과 꿈도 가질 수 있었다. 또한 내가 하는 일들로 인해 누군가에게 행복을 전할 수 있다는 것이 너무 뿌듯한 일이었다. 이제는 내가 만드는 음식들로 인해 한 사람의 생명을 살릴 수도 있다고 생각하니 내게도 이 일에 대한 사명감이 생겼다.

　나는 이 일을 하며 일에 임하는 자세도 달라져야 함을 깨달을 수 있었다. 우리는 음식을 만드는 직업이다 보니 드시는 분들을 생각하며 그 음식에 사랑과 감사함을 담아야 함을 깨닫게 되었다. 힘들다고 투정 부리고 짜증과 화가 나 있는 상태로 한 음식들은 결과로 말을 해주는 것 같다. 자연드림에 근무하며 암 환우분께서 오셔서 식사하시는 모습을 보며 음식의 중요성과 이 음식을 만드는 사람의 정성이 정말 중요하다는 것을 깨달았다. 그분들은 정말 이 음식이 아니면 드실 수 있는 게 없다고 생각하며 드시기에 그걸 만드는 사람의 입장에서는 사랑과 정성이 깃든 음식을 만들 수밖에 없는 것이다. 또한 그 사랑과 정성이 들어간 음식은 그걸 드시는 분께 그대로 전달된다는 것도 느낄 수 있었다.

　우리가 매일을 살아가며 사랑과 감사가 충만하다면 무슨 일을 하든 그 일은 즐거운 일이 될 것이며 항상 행복감에 있게 될 것이다. 항상 내 마음을 들여다보며 내 마음이 이끄는 대로 표현

어떤 삶을 살든 자기 사랑만큼은 절대 양보하지 마라

하며 살아보자. 나는 표현을 잘 못하는 성격이었다. 그렇지만 어느 순간 내 마음에 사랑과 감사가 충만해지니 그 사랑과 감사를 저절로 표현하게 되었으며 입가에는 항상 미소가 지어졌다. 모든 일을 할 수 있는 자신감과 남을 이해하려는 이타심도 저절로 생겨났다. 우리가 설계한 인생, 이왕이면 즐거운 마음으로 행복한 마음으로 살아가 보는 건 어떨까? 화나는 일이 없을 순 없다. 그 화를 다스릴 줄도 알아야 하며 그 화를 기쁨으로 바꿀 줄도 알아야 하는 것 같다. 이것이 인생이고 나이가 들어가며 터득하게 되는 배움의 길인 것이다.

02 ____

실패한 꿈은
없다

'실패가 없는 성공은 없다'라는 말이 있다. 즉, 실패는 성공의 기초가 되고, 실패를 통해 얻어지는 노하우들이 모여 성공으로 나아가게 된다는 것이다. 실패를 두려워 하지 않고 다시 도전할 때 그러한 과정들은 실력으로 쌓이게 된다.

빛을 밝히는 전구를 발명한 토마스 에디슨(Thomas Edison)은 전구를 발명할 당시 무려 2,000번이라는 실패를 거듭했다고 한다. 그럼에도 그는 실패가 아닌 단지 2,000번의 과정을 거쳐 발명했을 뿐이라고 했다.

만일 에디슨이 여러 차례의 실패를 겪게 되었을 때 부정적인 생각을 가지게 되었다면 지금 우리의 문명은 완전히 다른 생활을 하고 있을지도 모른다. 이처럼 실패를 통한 경험들이 모여 또 다른 성공을 부르게 되는 것이다. 실패의 과정들을 긍정적인 사고와 끈기와 인내로 도전하는 정신이 필요하다.

　나는 이혼 후 잠시 포항에 가 있을 때 육회탕탕이 집에서 아르바이트를 하게 되었다. 홀 서빙이었지만 요리에 관심이 많던 나는 사장님과 주방 이모님이 음식 만드시는 모습을 유심히 봤었다. 홀에 손님이 안 계실 때는 주방에 가서 일을 도와드리며 사장님이 만드시는 음식 레시피를 자연스럽게 알 수 있게 되었다. 내가 포장마차를 운영할 때 이 육회탕탕이를 주메뉴로 했다. 8개월간 운영하며 청산 후 빚 2,000만 원밖에 남지 않았지만, 지금 생각해보면 이때 운영했던 포장마차 경험이 지금의 주방장이 되는 발판을 마련해준 것 같다. 나는 겁도 없이 시작한 이 포장마차 운영으로 인해 많은 것을 배우며 느낄 수 있었다. 처음 시작은 동업으로 내가 홀 서빙만 봤기에 메뉴에 대해 신경을 쓰지 않았다. 3개월 후 동업자가 빠지면서 나는 어쩔 수 없이 맡게 된 이 포장마차가 지금의 나를 있게 해준 것이라 생각한다.

　포장마차임에도 가정식 백반처럼 반찬을 하니 일부러 식사하시러 오시는 손님이 늘어났고 단체 예약도 들어왔다. 혼자서 30인분의 단체예약도 거뜬히 준비하며 하루 매출을 100만 원을 넘긴 적도 있었다. 이날은 마감 후 녹초가 되었지만, 스스로가 대견스럽고 뿌듯한 하루였다. 그날 이후론 더 자신감이 붙어 아르바이트생도 쓰지 않은 채 홀과 주방을 다 보기 시작했다. 가까운 곳은 배달도 다녀오곤 했다. 거의 단골손님들이라 필요한 걸 가져다 드시니 혼자서도 충분히 할 수 있었다. 영업을 위해 산악회에 100인분의 밥과 국을 찬조한 적도 있다. 이때 생긴 추진력들이 일을 겁내지 않는 지금의 나로 만든 것이다. 폐업 후 빚을 지게 되었지만, 나의 앞날에 많은 영향을 끼친 곳이다. 이곳에서 출발해 지금의 내가 있다.

그러기에 당장은 실패처럼 보이나 이러한 실패들은 성공으로 가기 위한 하나의 과정인 셈이다. 지금 실패했다고 좌절하고 있는가? 절대 그럴 필요가 없다. 좌절하고 아무것도 하지 않는 것이 더 어리석은 것이다. 실패를 발판 삼아 다시 일어설 수 있는 용기만 있다면 우리는 못 할 것이 없는 존재들이다. 도전하면 도전할수록 더 강해진 자신을 발견하게 된다. 나는 지금의 내가 자랑스럽다. 내가 나를 인정해주어야 다른 사람도 나를 인정해준다. 내 인생의 주인은 나이기에 매 순간순간이 내게는 소중하고 감사하다. 지금 재산이 얼마가 있느냐가 중요한 것이 아니다. 이 물질세계에서 내가 스스로 얼마나 깨닫고 그것을 다시 돌려주며 사는지가 중요한 것이다. 또한 그 속에서 늘 감사와 사랑의 충만함을 느끼고 산다면 그것이 진정 행복일 것이다.

손흥민 선수의 아버지 손웅정의 저서《모든 것은 기본에서 시작한다》에 이런 내용이 있다.

"성공은 선불이다. 그건 분명하다. 성공은 10년 전이든 15년

어떤 삶을 살든 자기 사랑만큼은 절대 양보하지 마라

전이든 내가 뭔가의 값을 선불로 지불했을 때 10년 후에든 15년 후에든 주어질 가능성이 있다. 선불한 바가 없는데 내 앞에 어느 날 갑자기 성공이 찾아오지는 않는다."

포기하지 않으면 실패란 없다. 어떤 어려움이 따르더라도 끝까지 도전해야 한다, 우리에게는 그런 도전 정신이 필요하다. 우리가 인생을 살아오며 겪는 모든 것들은 성공으로 가기 위한 과정이며 깨달음의 과정들이다. 그러한 경험들이 모여 삶의 지혜가 쌓이는 것이며 새로운 꿈들을 꿀 수 있는 자로 거듭나는 것이다. 나는 20년 동안 장사를 했기에 눈치가 엄청 빠르다. 이렇게 몸에 밴 습관들이 사회생활을 할 때도 적용되어 대인관계에서 모나지 않고 적을 두지 않게 되었다. 이러한 장사 경험들이 지금은 삶의 원동력이 된 것이다. 어떤 일이 주어져도 잘 해낼 수 있는 자신감도 실패를 통해 얻어진 것이다.

젤라토 아이스크림 카페 카페띠아모의 김성동 사장은 학창시절 '프랜차이즈 회사 설립'이라는 분명한 목표를 세웠다고 한다. 대학을 졸업한 김 사장은 목표를 이루기 위한 전 단계로 중소 프랜차이즈 회사에 입사했다. 그는 과거 중소 프랜차이즈 회사에 입사한 것에 대해 "회사의 크기보다는 내 꿈의 크기가 중요했기 때문에 남들의 시선은 의식하지 않았다"라고 말했다.
그는 그곳에서 아이스크림 원료 유통에서 제조 기술, 배합법, 점포 컨설팅에 이르기까지 아이스크림 프랜차이즈에 관한 모든 업무를 익혔다. 그는 10년간의 실전 경험을 토대고 '카페띠아모'라는 브랜드의 젤라토 아이스크림 카페를 창업했다. 웰빙 추세에 맞춰 유지방 함량이 낮은 젤라토가 아이스크림 시장의 다음 트렌드가 되리라 판단했기 때문이었다.

아이스크림 전문점의 약점으로 지적되는 겨울철 매출 감소를 극복하기 위해 고심했던 그는 매장을 카페 형태로 꾸몄다. 그러곤 에스프레소커피, 케이크 등의 메뉴를 접목함으로써 겨울철 아이스크림 전문점의 약점을 보완했다. 그의 예측대로 카페띠아모는 시중에 선보인 지 4년 만에 가맹점 200개를 돌파했다. 그는 "지금 당장 눈에 보이는 것보다 미래를 내다보고 자신의 진로를 결정하는 게 중요하다"라고 말했다.

젤라토 아이스크림 전문점 띠아모는 프랜차이즈의 본고장인 일본에 진출하는 쾌거를 이룬 바 있다. 지금도 100여 개의 매장을 거느린 우리나라 대표 아이스크림 전문점 카페 브랜드다.

아무리 대단한 능력을 소유하고 있다고 해도 지금 아무것도 하지 않는다면 아무 일도 일어나지 않는다. 우리에게 주어진 인생을 위해 우리는 꿈꾸며 또 나아가야 한다. 기회는 스스로 만들어 나가는 것이다. 이 인생이란 도화지 위에 우리가 그리는 대로 수채화가 되었다가 추상화가 될 수도 있다. 그것이 인생이다. 그러기에 너무 재미있지 않은가? 삶의 고단함에서 벗어나 삶의 진실을 바라볼 필요가 있다. 너무 앞만 보고 가기에 내 삶의 진정한 의미를 깨닫지 못한 채 로봇처럼 살아가고 있는 우리 자신을 볼 때도 있다. 돈이 전부가 아니다. 물론 물질세계에서 돈은 없으면 불편하고 생활을 할 수 없는 것은 맞다. 그렇지만 돈만 좇아가다 보면 인생의 진정한 의미를 깨닫지 못할 것이다. 내가 이 땅에 오게 된 이유와 내가 이번 생에서 얻고자 하는 깨달음이 무엇인지를 고민해볼 필요가 있다. 내가 실패를 통해 얻고자 했던 것이 무엇인지도 곰곰이 생각해보자. 그러한 노력이 있어야 똑같은 실패가 되풀이되지 않는 것이다. 거기서 얻은 교훈들이 삶의 지혜가 되는 것이다. 어려움을 겪고 있는 이들에게 그 지혜를 나눠준다면 그것이 선한 영향력이 아닐까 생각해본다.

우리 삶에서 실패란 없다. 하나의 과정이며 깨달음을 위해 계획된 일일 뿐이다. 그러니 실패했다고 낙담하며 자신을 낮추지 마라. 나는 과거 나를 책망하며 질책하며 마음의 병을 키우며 살았었다. 그로 인해 정신적인 아픔까지 느껴야 했다. 그것을 벗어나기 위해 많은 것을 내려놓아야 했다. 내가 짊어지고 있는 삶의 고통, 무게를 내려놔야 내가 진정으로 행복해질 수 있다. 또 다른 꿈을 꿀 수 있는 것이다. 그 굴레에서 벗어나지 못한다면 어떠한 꿈을 꿀 수도, 희망을 볼 수도 없다. 내 속에 있는 집착을 내려놔야 하며, 내 속에 앙금으로 남아 있는 감정들을 내려놔야 한다. 그렇게 될 때 우리는 무슨 일이든 도전할 수 있고 그 속에서 감동과 교훈을 얻을 수 있는 것이다. 다시 꿈꾸며 멋진 인생을 위해 앞으로 나아갈 수 있게 되는 것이다.

03 ___ 우연히 성장하는 사람은
아무도 없다

만화가 허영만은 어릴 적부터 그림에 재주가 있어서, 대학교에서 서양화를 전공해 화가가 되어야겠다는 꿈을 가졌다. 그러나 아버지의 사업 실패로 그 꿈은 산산조각이 나고 말았다.

그는 기울어진 가세로 화가 대신 만화가를 선택했다. 그림으로 돈을 벌 수 있겠다는 생각이 들었기 때문이다. 하지만 당시는 만화를 천시하는 분위기여서 그가 만화가가 되겠다고 선언했을 때 가족들은 강하게 반대했다. 그는 자신의 꿈을 이루기 위해 고등학교를 졸업하자마자 무작정 고향 전남 여수를 떠나 서울로 올라가 한 만화가의 문하생으로 들어갔다. 그는 바닥부터 시작해서 성실하게 문하생 생활을 했다. 그 바닥의 문하생 가운데 허영만이 단연 최고라는 말을 들을 정도로 치열하게 살았다.

그 후 독립한 그는 새벽부터 저녁까지 지독하게 작업에 집중했다. 아이디어가 떠오르지 않을 때면 종종 새벽 2~3시에 광화문 거리를 산책하곤 했다. 그는 사물 하나를 그리더라도 완벽하게 '허영만'의 세계를 표현하고 싶었다. 그는 "나는 엄청난 양의 자료를 찾는다. 그릴 줄 몰라서 자료를 찾는 것이 아니다. 이를 테면 풋고추의 매운맛까지 느낄 수 있도록 그리려고 자료를 찾는 것이다"라고 말했다.

남들이 추구하는 것을 따라 하는 것은 죽은 인생을 사는 것과 같다고 여겼던 그는 지독한 노력 끝에 대한민국을 대표하는 만화가가 될 수 있었다. 또한 우리에게 만화를 통해 꿈과 희망을 전달해주는 선한 영향력을 펼치고 있다. 나는 〈식객 허영만의 백반기행〉이라는 TV 프로그램을 즐겨본다. 그 속에는 음식을 통해 만드신 분의 마음이 고스란히 드러나 있다. 그걸 만화로 포인트를 콕 짚어 잘 표현해주신다. 사실 음식 만드는 일은 고된 일이다. 그렇지만 그곳에는 그분들의 삶의 애환과 즐거움과 기쁨 모든 것들이 표현되어 있어 인간미가 물씬 풍긴다. 그런 것들이 인생이며 우리들의 살아가는 이야기인 것 같아서 나는 이 프로그램을 좋아한다.

우연히 성공하는 사람은 아무도 없다. 그 성공의 이면에는 피눈물 나는 노력이 뒷받침되어 있다. 성공을 향해 나아가는 도전 정신으로 끊임없이 노력한 대가일 것이다. 자신이 그리고자 하는 목표가 명확할 때 우리의 상념들 속에 있던 상상들이 성공으로 그려지는 것이다. 성공이란 돈이 많아서도 결코 아니며 사회적 명예가 따라야 하는 것만도 아니다. 내가 경험하고자 한 그 경험 속에서 깨달음을 얻어나가며 더 나은 자신을 찾아나가는 여정일 것이다. 우리는 각자가 이 생에서 이루고자 하는 깨달음과 계획들이 있다. 그 속에서 교훈과 지혜를 얻어 더 성숙해 있는 자신과 만나는 것일 것이다.

나도 이런 깨달음을 얻기 전까지는 '왜 이렇게 운이 없을까? 나는 왜 이럴까? 왜 대운이라는데 이렇게 안 풀릴까?' 하며 자책했었다. 성공이 바로 명예와 부를 나타내는 척도라 생각했기 때문이다. 진정한 성공이란 사회의 구성원으로서 자신의 역할을 다 해내고 내가 서 있는 자리에서 빛이 나는 존재로 거듭나 있는 것이다. 그 작은 빛들이 모여 큰 빛이 되듯 우리는 각자가 낼 수 있는 빛의 존재로 살아가면 된다. 내가 잘 해낼 수 있는 것들로 시작해 희망의 불씨를 꺼트리지만 않으면 우리는 언제라도 큰불로 다시 활활 타오를 수 있다. 그것이 바로 열정이며 삶의 원동력일 것이다.

나는 고난과 시련을 처음에는 받아들이기가 힘들었다. 왜 평온한 삶에서 이런 고난이 찾아온 것일까? 그 고난과 시련을 극복해나가려는 노력보다는 삶을 포기하는 쪽을 택했었다. 극심한 우울증을 경험했고, 무기력감과 공허함 외로움 혼자 그 모든 것들을 감당해내기가 두려웠다. 나약할 대로 나약해져 자신

어떤 삶을 살든 자기 사랑만큼은 절대 양보하지 마라

에게 "이제 됐어! 그만해도 돼"라며 다독이고 있었는지도 모른다. 또한 삶을 포기하려는 사람들을 이해하기 위해 그런 경험까지 하게 된 것인지도 모른다. 이제는 그런 분들을 보면 연민의 감정이 먼저 들고 그 마음이 전해져 너무 마음이 아프다. 그런 분들의 애환을 넓은 가슴으로 품어주고 싶다. 위로와 희망을 전해주고 싶다.

그 일이 있고 나는 몇 년을 신경안정제와 우울증약을 복용했다. 약을 먹을 때마다 느껴지는 죄책감은 정말 너무 힘든 과제였다. 약에 의존하며 내 감정하나 컨트롤하지 못한다는 죄의식마저 들었다. 우리 몸은 정말 위대하다. 스스로가 자가 면역세포를 다 만들어낸다. 또한 자신을 스스로 치유할 수 있다. 내 몸의 치유력을 믿고 온전히 내맡기면 된다. 그렇지만 그러한 것들이 결코 쉬운 일이 아니란 걸 누구보다 더 잘 안다. 그러기 위해 내 몸과 감정 상태를 체크하며 보살펴야 한다. 이런 자신을 위로해 줄 사람은 나밖에 없다는 것도 알아야 한다. 내 안에 존재한 또 다른 나를 항상 인정해주고 사랑해주자. 우리의 힘듦을 이길 힘은 변하지 않는 자비와 사랑밖에 없는 것이다. 뭐든지 단계가 있듯이 한 걸음 한 걸음 자신의 진실한 감정을 들여다보자. 그러다 보면 어느새 내 안에 충만해져 있는 사랑의 감정과 만나게 될 것이다. 그 사랑이야말로 나의 한계를 극복하게 해주고 이겨낼 수 있는 힘을 무한하게 제공해줄 것이다.

이런 과정들을 통해 나는 나 자신을 사랑하는 법을 배웠고 온전히 나를 위한 인생을 살아가야 한다는 것도 깨달았다. 나는 모험심이 많은 것 같다. 이런 것들을 다 경험해보고 싶었는지도 모른다. 나는 내게 주어진 사명이 있으리라 생각한다. 그러기 위해 나는 많은 경험을 해야 했으며 그 경험을 통한 지혜도 필요했다. 내가 사기를 당한 것도 자살 시도를 한 것도 우울증약을 복용한 것도 우연은 하나도 없다. 나는 그런 경험을 통해 이 생에서 완성해야 할 일들이 있다고 생각한다. 그 여정으로 가기 위한 밑거름들인 것이다. 그래서 오늘도 나는 내 삶에 충실하고 있다. 내가 있는 자리에선 항상 사랑이 넘치는 자리가 되게 한다. 이런 사랑의 씨앗들은 가슴을 통해 서로에게 전달된다. 폭력과 야만이 난무하지만, 우리가 이렇게 사랑의 씨앗들을 전할 때 그 사랑은 퍼지며 좀 더 사랑이 넘치는 사회가 될 것이다.

　시골에서 할머니들께서 전통 방식으로 음식을 만드시는 모습을 보며 배운 것들이 내가 요식업에 종사하며 과장으로 주방장으로 승진할 수 있는 계기가 되었다. 아직도 할머니들께서 만드신 그 맛을 따라갈 순 없지만, 우리 전통음식을 어떤 식으로 담아야 하는지는 알고 있었기에 지금 내가 하는 음식에서 깊은 맛이 나는 것 같다. 인공 조미료 맛이 아닌 재료 본연에서 나오는 감칠맛을 잡아내는 게 음식의 포인트인 것이다. 그래서 젊은 사람들은 잘 담지 못하는 김치류와 장아찌류를 잘 담게 되는 요인이 된 것 같다. 또한 김치 하나로 과장까지 승진할 수 있었다. 김치, 오이지, 장아찌는 이과장을 따라올 사람이 없다며 S푸드 대표님께서는 항상 칭찬해주셨다. 나는 내 인생의 전환점이 되어준 그 대표님에게는 항상 감사한 마음이다.

　시골에서 장사하며 그냥 지나칠 수 있었던 부분들도 눈여겨본 부분이 내 인생을 좌우할 만큼 큰 비중을 차지하게 될지 알지 못했다. 시골에서 장사하며 김장철이면 도와드리러 가 집마다 다른 김치맛과 만드는 법을 배웠었다. 그 당시에는 영업하기 위해 어쩔 수 없이 도와드렸던 부분들이었는데 그 계기가 날 성장시켜준 셈이 되었다. 또한 인정받기 위해 최선을 다할 수밖에 없었다. 최선이라는 선택지밖에 없었기에 요령을 부릴 수가 없었다. 이제는 지나온 세월을 되돌아보며 미소를 지을 수 있지만, 당시에 나는 그러한 것들을 이겨내기 위해 자신과 싸워야 했으며 치열하게 살아갈 수밖에 없었다. 아파한 세월만큼의 보상이 따라오는 것 같다. 지금 힘들다고 해서 절대 낙심하며 슬퍼하지 마라. 우리의 삶은 지금만 있는 것이 절대 아니다. 지금의 아픔들을 이겨내며 장이 익어가듯이 우리도 성숙해나가는 것이다.

　스스로가 되고 싶은 성공을 확실하게 그려보자. 내 인생에서 지금 이 순간 꼭 하고 싶은 일들을 실행해보자. 그리고 마음속에 담아두고 있었던 감정들 또한 표현해보자. 이러한 솔직한 행동과 표현들이 나를 더 성숙하게 만들며 내가 그린 성공으로 인도해줄 것이다.

04 _____

기적을 창조하는
사람이 되자

우리는 모두 창조주로부터 전지, 전능, 권능을 부여받았다. 그러기에 우리는 바라는 것을 창조할 수 있는 창조자다. 우리가 이루고자 하는 그 꿈을 명확하게 설정해 매일 그 꿈이 실현되어 있는 자신을 상상하며 노력할 때, 우리는 그 꿈의 기적을 만나게 된다. 이 과정에서 생기는 두려움은 우리를 더 강하게 만들어준다.

나는 자연드림을 다니며 항암식품들을 접할 수 있었다. 항암식품에는 파이토케미컬과 폴리페놀 수치가 일반식품에 비해 3배에서 많게는 10배까지 높게 나온다. 파이토케미컬은 암을 예방하는 효과가 있는 성분 중 하나로 신체 내에서 항산화작용, 해독작용, 면역기능 증진 및 박테리아나 바이러스를 죽이는 작용을 하는 것으로 알려져 있다. 대표적인 식품이 항암 현미와 잎채소, 과일들이다. 자연드림에선 치유의 음식을 만들고 있다.

어떤 삶을 살든 자기 사랑만큼은 절대 양보하지 마라

암 환우들도 안심하고 드실 수 있고 암을 예방할 수 있는 음식을 만든다. 작년에 항암 죽 경연대회가 있었다. 각 센터와 공방에서 참여해 맛과 파이토케미컬 수치가 높게 나온 센터를 지정해 시상하며 그 레시피로 항암 죽을 출시할 예정이었다. 죽 종류는 5가지였다.

일반 백미로 하는 것이 아니라 항암 현미로 죽을 해야 하기에 처음에는 현미의 까끌까끌한 식감을 어떻게 부드럽게 만들지가 관건이었다. 또한 파이토케미컬 수치가 높게 나와야 하기에 여러 번의 테스트로 수치를 계속 체크하면서 만들었다. 처음에는 우리가 일반적으로 죽을 쑤는 방식으로 죽을 만들었다. 거기에 항암 채소를 첨가해 만들었는데 파이토케미컬 수치가 너무 낮게 나왔다. 다른 센터에서는 샐러드 마스터기로 죽을 만들어 수치 검사 의뢰를 했는데 수치가 높게 나왔다. 그렇다고 샐러드 마스터기를 살 수도 없을뿐더러 영업점에서 사용하기도 불가능했다. 그래서 그 원리를 파악해 죽 만들기를 다시 시도했다. 압력을 일정하게 유지해 항암 채소를 넣어 채소수를 만들었다. 자연드림선 조미료를 사용하지 않기에 감칠맛을 낼 무언가가 필요했다. 채소수를 뽑아 물 대신 사용해보니 감칠맛이 올라왔다. 그 채소수를 물 대신 사용해 압력솥에 항암 채소들과 불린 현미를 넣어 죽밥을 만들어 공통 밥으로 만들었다. 그 공통 밥에서 추가하고 싶은 소고기나 전복을 더 넣으면 죽이 완성되는 방식을 만든 것이다.

경연대회가 있기 며칠 전부터 나는 스스로 최우수상을 수상하며 기뻐하는 모습을 계속 상상했었다. 두 눈을 감고 그 충만한 감정을 계속 유지했다. 파이토케미컬 수치는 다른 센터가 더 높게 나왔다. 그래도 맛은 따라잡을 수 있다는 자신감이 있었다. 경연대회를 준비하며 나는 죽이 튀어 팔에 화상도 입기는 했지만, 현미로 죽을 만들어볼 기회도 생겼고 여러 가지 죽도 테스트해볼 수 있었다. 이런 경험들이 다 실력으로 쌓이는 걸 알기에 나는 이런 도전을 좋아한다.

경연대회 당일 나는 출근하자마자 내가 최우수상을 받은 모습을 상상하고 나서 출품할 죽들을 만들기 시작했다. 혼자서 5종류의 죽을 다 준비하자니 조바심도 나고 정신이 하나도 없었다. 다행히 우리 센터에서 행사가 진행되었기에 시간적인 여유가 좀 있었다. 5종류의 죽을 다 만들어 행사장으로 내려보내고 나는 그날 장사할 집밥들을 만들며 점심 장사를 하고 있었다. 1시간이 좀 지났을 때 과장님께서 행사장으로 내려오라는 것이었다. 나는 레시피를 설명해야 하는 줄 알고 일하던 채로 급하게 내려갔다. 내려감과 동시에 최우수상이 발표됐었고 그제야 나는 우리 센터가 최우수상을 받게 된 걸 알게 되었다. 준비도 되지 않은 채 소감 발표와 사진 촬영이 진행됐다. 상금은 500만 원이었다. 우리 센터가 파이토케미컬 수치가 낮게 나와 걱정했었는데 맛에서 점수를 좀 더 받은듯했다. 며칠 전부터 상상했던 그 충만한 감정이 느껴졌다.

어떤 삶을 살든 자기 사랑만큼은 절대 양보하지 마라

'아, 이게 바로 상상의 힘이구나! 끈질기게 노력한 대가구나! 내가 이루고자 하는 절실함만 있으면 못 이룰 것이 없겠구나!' 생각하며 이루 말할 수 없는 기분이 들었다. 나는 매장으로 올라가 기쁜 마음으로 이 소식을 알렸다. 다들 축하해주고 기뻐해주었다. 다음 날부터 당장 레시피 작업과 사진 촬영용 죽들을 만들며 바빠졌다. 항암 죽 출시를 빨리하라는 대표님의 지시로 경연대회가 있고 며칠 되지 않아 바로 항암 죽이 출시됐다. 손님들 반응은 좋았다, 현미의 까끌까끌한 식감을 죽밥으로 만들어 다시 죽을 만드는 방식으로 부드럽게 만들었으며 채소수로 감칠맛을 낸 게 비결이면 비결이었다. 조미료를 사용하지 않고도 감칠맛이 올라온다는 게 신기했다. 재료 본연의 맛을 잘만 살린다면 굳이 조미료를 넣지 않고도 충분히 감칠맛이 나는 음식을 만들 수 있다는 걸 자연드림을 다니며 배울 수 있었다. 항암 죽 홍보차 우리 센터에서 촬영도 진행되었다. 나는 10분 정도 인터뷰 형식으로 최우수상 수상소감과 노하우를 공개했다. 내게는 색다른 경험이었고 힘든 일이었기도 했다. 죽 전문점도 아닌데 매일 아침 5종류의 죽을 만들어야 하는 일이 쉬운 일은 아니었다.

이렇듯 우리는 삶의 방식에서 얼마든지 창조를 할 수 있는 능력들을 가지고 있다. 내가 그리고자 하는 명확한 목표와 절실함만 있다면 그것은 얼마든지 창조할 수 있는 것이다. 지금 현재의 결과가 나타나지 않았다고 실망할 필요는 없다. 지금 내가 창조해낸 것은 내가 결과를 만들기 위해 거쳐야 하는 과정이다. 우리는 무한한 창조력을 가지고 있는 존재들이지만, 스스로가 한계를 지어 자신의 창조성을 가두어버린다. 나 역시도 부정적인 사람이었다. 하지만 부정은 더 큰 부정만 끌어당긴다는 것을 경험했기에 이제는 긍정적인 사고로 바꾸는 인식이 중요함을 누구보다 더 잘 안다.

나는 신경안정제를 6년간 복용했다. 불안과 불면을 안정시키기 위해 신경안정제를 복용했지만 이내 중독이라는 결과를 낳았다. 그 중독에서 벗어나는 것이 처음에는 무척 어려웠다. 잠드는 방식을 뇌가 '약이 들어가야 잠이 든다'라고 인식되어 있었다. 나는 뇌가 인식하는 방식을 바꾸기 위해 결단을 내려야 했다. 나 스스로가 한계 지어놓은 것에서부터 탈출해야 하는 것이다. 약을 버리지 않고는 절대 끊지 못한다는 걸 알았기에 약, 봉지부터 과감히 버렸다. 그날밤부터는 나와의 싸움이 시작되었다. 일주일간은 거의 뜬눈으로 밤을 지새웠다. 뇌에선 잠을 어떻게 드는지 까먹은 듯했다. 계속 약을 달라는 신호를 보냈다. 잠자는 법부터 다시 배워야 했다. 잠이 들려고 하다가도 다시 깨버리기를 되풀이했다. 일주일이 지난 후부터 잠드는 법이 새롭게 자리 잡히기 시작했다. 그렇지만 푹 자지 못하고 중간에 깨기를 반복했다.

말하는 습관부터 바꿔야 한다는 것도 깨달았다. "나는 수면장애가 있어 잠들기가 어렵고 또 시끄러우면 잘 못 자요"라는 말

어떤 삶을 살든 자기 사랑만큼은 절대 양보하지 마라

을 늘 입버릇처럼 달고 살았다. 스스로 수면장애를 창조했고 쉽게 잠들지 못하며 조용해야만 잘 수 있다는 것을 창조한 셈이다. 약을 끊은 걸 아는 지인들이 요즘은 잘 자냐고 물어오면 나는 "매일매일 좋아지고 있으며, 내가 한계 지어놓은 것들에서 벗어나 새로운 것들을 재창조해나가고 있습니다. 하루하루 배워나가고 있어요. 모든 것들은 내가 마음먹기에 달려 있으며 마음먹기까지가 힘든 것이지 마음만 딱 정하면 재창조되는 것은 시간 문제란 걸 알게 됐어요"라고 말한다.

나는 신경안정제를 끊으며 내가 한계 지어놓은 것들이 정말 많다는 것도 깨달을 수 있었다. 나는 뇌에게 계속 '넌 약 없인 못 자. 밤새 뒤척일 거야. 넌 약을 끊을 수 없어'라고 명령을 내리고 있었던 것이다. 내가 내린 명령어들을 뇌는 정확히 기억해 그 결과물을 내게 가져다준 것이다. 이것을 깨닫고 나니 비단 신경안정제뿐만이 아님을 알게 되었다. 내 삶 곳곳에는 내가 한계 지어놓은 것들로 가득 차 있었다.

'넌 지금 불안해야 해, 넌 불안증이 있어'라는 명령어로 만든 불안증도 마찬가지였다. 내가 창조해낸 것이다. '어 왜 지금 안 불안하지? 나는 불안증이 있는데?' 이런 생각들이 불안증을 창조한 것이다.

이렇듯 우리는 매 순간순간을 창조해나가는 삶을 살아가고 있다. 지금의 내 삶은 내가 창조해서 갖다놓은 것들이다. 지금의 내 삶이 마음에 들지 않는가? 지금의 나의 처지를 비관하고 있는가? 지금의 내 삶은 누구의 탓도 아닌 내가 창조해서 끌어다 놓은 결과물들이다. 이를 깨달았다면 우리는 앞으로의 삶도 내가 얼마든지 재창조할 수 있다는 걸 알게 된 것이다.

지금의 삶은 내가 앞으로 창조할 삶으로 가는 과정일 뿐이다. 그러니 지금의 삶이 마음에 들지 않는다고 절대 낙심하지 말라. 내가 원하는 삶은 내가 얼마든지 창조할 수 있는 능력이 있다는 것만 생각하면 된다. 내가 그리고자 하는 미래를 분명히 그리며 앞만 보며 달려가 보자. 우리는 육체뿐 아니라 정신세계까지 얼마든지 재창조할 수 있다는 것만 기억하면 된다.

어떤 삶을 살든 자기 사랑만큼은 절대 양보하지 마라

05＿＿＿ 새롭게 꿈꾸고
도전하라

　미국의 힙합 가수이자 성공한 사업가로 손꼽힌 제이지(Jay Z)
는 현재 세계적인 팝스타 비욘세(Beyonce)의 남편으로 잘 알려
져 있다. 하지만 그 역시 과거 자신의 꿈을 발견하기까지 마약에
손대는 등 방황을 거듭했다. 그러나 그는 자신의 꿈을 발견했고
수렁에서 벗어날 수 있었다.

　그에게 있어 음악은 그를 마약보다 더 흥분시키고 쾌감을 느
끼게 하는 강력한 중독이었다. 음악은 자기 가슴을 뛰게 하는 꿈
이었기 때문이었다. 그는 음악에 전부를 쏟았고 그 결과 자신의
분야에서 정상에 설 수 있었다.

　미국 경제 전문지 〈포브스〉는 학벌이 아닌 재능과 열정으로
성공한 7인의 억만장자 중 한 명으로 힙합 가수인 제이지를 선
정했다. 제이지는 이렇게 말했다.

"아티스트로서 가장 중요한 건 최고를 보여주는 거예요. 그게 제 궁극적인 목표입니다. 한때 마약에 빠져 있기도 했지만 그걸 이길 수 있게 해준 건 바로 음악에 대한 중독이었습니다. 음악은 나의 꿈이었죠. 중독될 만한 무언가가 있어야 마약의 늪을 벗어날 수 있어요."

그는 자기 가슴을 뛰게 하는 꿈을 발견해 마약의 늪에서 벗어남은 물론이고 최고의 자리까지 차지하게 되었다. 우리는 새롭게 꿈꾸고 도전할 때마다 심장도 같이 요동치는 것을 느낄 수 있다. 그것은 내 심장 내 중심부에서부터 뿜어져 나오는 열정이다. 꿈과 열정만 있다면 못 해낼 것이 없다. 그리고 내 심장 즉 가슴에서부터 시키는 일을 할 때면 인생의 진정한 의미도 찾을 수 있다. 우리는 항상 꿈을 꾼다. 그것이 이루지 못할 꿈일지라도 상상 속에선 그 꿈들을 향해 걸어가고 있다. 그런 상상들은 우리가 살아있음을 느끼게 해주는 원동력이다.

나는 지금 새로운 꿈을 향해 도전하고 있다. 바로 작가가 되는 것이다. 내가 살아온 시련과 역경들은 충분히 책을 쓸 소재가 된다. 나의 언어 카르마 정화는 물론, 글을 씀으로 내가 해야 할 사명도 찾을 수 있는 것이다.

내가 겪은 시련과 고난들을 공유해 다른 이에게 삶의 희망이 될 수도 있다는 걸 느꼈다. 책 쓰기는 의식이 깨어나지 않으면 영혼 없는 책이 나온다는 것도 알게 되었다. 나의 의식이 깨어나야만 내 속에 있는 것들을 다 끄집어낼 수 있으며 깨달음으로 승화시킬 수 있는 것이다. 내 삶 전체를 들여다보며 내가 하고 싶었던 이야기들 또 말로 할 수 없었던 이야기들을 적어 나의 내면에 잠자고 있는 감정 하나하나를 다 꺼낼 수 있었다. 글을 쓰며 가슴이 저릿저릿한 감정들을 느낄 수 있었다. 이 감정들은 글을 쓰지 않았다면 느낄 수 없는 감정들이었다. 나는 감정 표현이 서투른 사람이다. 그렇기에 억눌려 있던 감정들이 너무 많았다는 것도 깨달았다. 그 억눌려 있던 감정들이 쌓이고 쌓여 나의 정신체에 독소로 쌓여 있었다. 그 독소가 우울증을 만들고 불안증을 만든 것이었다.

나의 어린 시절부터 현재까지를 돌아보고 되짚어보는 귀중한 시간이었다. 글을 쓰며 울고 웃고 '내가 그랬었나?' 회상하며 추억을 곱씹었다. 후회하고 뿌듯해하며 나를 대견스럽게 여길 수 있게 되었다.
'나는 왜 이 땅에 왔을까?'라는 의문점에서 시작해 '내가 이 땅에서 해야 할 일들이 있기에 온 것이다'라는 결론을 내릴 수 있게 되었다.

나는 작가가 되어 성공한 내 모습을 그렸다. 강연가의 모습도 그렸다. 하지만 나는 그런 성공보다 더 값진 걸 얻을 수 있게 되었다. 나의 가치를 깨달을 수 있게 된 것이다. 나는 그저 먼지 같은 존재로 날 여겼었다. 나는 잘난 게 없어서 이 세상을 변화시킬 수 없다며 스스로 한계를 지으며 살았었다. 나는 학벌도 고졸이며 가진 것도 없는 그저 이혼녀일 뿐이라고 나를 우물안에 가둬두며 하루하루를 살고 있었다. 하지만 책을 쓰며 비로소 나를 용서할 수 있게 되었다. 자신을 사랑하는 법을 깨닫게 되었으며 모든 것들은 이 사랑에서 출발한다는 사실도 깨달을 수 있었다. 나 스스로가 사랑의 빛을 가지고 살아간다면, 주위가 그 사랑의 빛들로 물든다는 것도 알게 되었다.

나는 스스로 잘할 수 있는 것들을 찾을 수 있게 되었다. 음식에 소질이 있는 나는 이제 이 소질을 봉사하는 데 쓰고 싶다. 나는 다시 한번 요식업을 해 성공한 모습을 꿈꿨다. 하지만 나는 글을 쓰며 생각이 달라졌다. 인생에 돈이 전부가 아니란 걸 알게 된 것이다. 지금 내가 가지고 있는 것 중에 내가 죽을 때 가지고 갈 수 있는 것은 없다. 그러기에 내 삶의 포커스를 다시 맞추게 되었다. 머리가 아닌 가슴이 시키는 일을 내 중심부에서 시키는 대로 맡기기로 했다. 이제부터 내가 어떻게 살아야 함을 깨닫게 되니 세상의 모든 것들이 다른 관점으로 보이기 시작했다. 이 지구상에 존재하는 모든 존재가 다 아름답고 감사하게 보이게 된 것이다. 나무 한 그루, 꽃 한 송이, 날 비춰주는 태양까지도 모든 존재가 다 존재의 가치가 있으며 그 존재들이 날 위해 우릴 위해 존재해준다는 걸 깨닫게 되니 그 감사한 마음으로 충만해짐을 느낄 수가 있었다.

어떤 삶을 살든 자기 사랑만큼은 절대 양보하지 마라

책을 쓰지 않았다면 평생을 죄책감 속에 살았을 것이다. 내 잘못으로 가정이 깨진 데 대한 죄책감으로 아들에게 떳떳하지 못한 엄마로 남아 있었을 것이다. 또한 아버지의 마음을 헤아리지 못했을 것이다. 아버지의 마음을 제삼자의 입장에서 보지 못했을 것이고, 엄마를 폭행한 그 모습만을 간직했을 수도 있다. 그중 제일 중요한 자신을 용서하지 못했을 것이다. 나는 이제 다시 출발한다. 새로운 삶으로의 출발이다. 내 삶은 내 가슴이 시키는 대로 재창조될 것이다. 억눌려 있었던 감정들에서 벗어나 자유로워진 채로 이 가슴 안에 채워져 있는 사랑과 감사로 다시 시작할 것이다.

나는 뭐든지 할 수 있는 영원불멸의 무한 생명을 지닌 존재다. 나뿐만 아니라 우리는 모두 하나님의 가슴 일부를 가지고 태어난 신성한 존재들이다. 비록 육체는 육체의 나이로 죽지만 나의 혼은 죽지 않는 무한 생명의 존재, 즉 빛이다. 이 가슴에서 전해져오는 사랑을 느끼게 된다면 여러분들도 다 신의 아들들이란 것을 깨달을 수 있게 될 것이다. 이런 사실을 깨달은 나는 모든 사고방식을 갈아엎게 되었다. 더 이상 없어질 것들에 대해 집착하지 않게 되었다. 그냥 자연스럽게 흘러가는 것을 가슴으로 지켜볼 수 있게 되었다. 또한 다른 사람들의 인생에 대해 비판하지 않게 되었다. 다 각자가 맡은 역할들이 있기에 그 존재 자체들을 존중해주어야 함을 알게 된 것이다. 그리고 모든 것들을 사랑으로 바라볼 수 있게 되었다. 사랑하며 감사하며 자비하며 축복할 수 있게 된 것이다. 내 이웃을 내 몸같이 사랑하라는 말씀처럼 나는 모르는 이웃을 진실로 내 몸처럼 사랑할 수 있는지 의문을 가졌었다. 하지만 이제는 하나님으로부터 받은 그 사랑을 살아가며 실천할 때다.

우리는 각자가 설계한 인생을 살아가고 있다. 그 인생을 살아가며 깨달음과 지혜를 얻기 위함이다. 어느 한 순간도 소중하지 않은 순간이 없다. 다 깨달음을 위한 과정들이기에 실패도 없다는 것이다. 실패의 과정들을 통해 성공으로 달릴 수 있는 것이며 그것들을 교훈 삼아 다른 이들에게 희망을 전할 수도 있는 것이다. 다만 좌절하지 않고 다시 도전하기만 하면 된다. 우리는 새롭게 꿈꾸고 도전할 때마다 인생은 다른 이미지들을 보여준다. 그 이미지들을 통해 새로운 삶들을 경험하게 되며 그곳에서도 깨달음을 얻을 수 있는 것이다. 현재 위치에서 안주해 있지 말고 다시 발돋움할 수 있다면 이미 성공의 반은 가 있는 것이다. 좌절했다고 절망하고 있는가? 괜찮다. 다시 일어나기만 하면 된다. 우리가 느끼는 좌절도 깨달음을 얻기 위한 과정이기에 값지게 받아들이면 된다. 그 좌절을 교훈 삼아 비슷한 좌절을 겪지 않기 위함인 것이다. 다시 나아가기만 하면 된다는 것만 명심하면 된다. 우리가 설계한 삶의 매 순간 내가 주인공임을 인식하며 그 삶의 완성은 자기 사랑이란 것만 명심하자. 모든 것은 사랑이며 사랑으로 모든 것들을 변화시킬 수 있다. 세상에 영향을 미치는 것은 바로 나라는 존재다. 내가 되어 있는 존재 자체다.

어떤 삶을 살든 자기 사랑만큼은 절대 양보하지 마라

06

도전할 때마다
인생의 장면은 새로워진다

인생은 한 편의 드라마와도 같다. 내가 어떤 선택을 하느냐에
따라 결말이 달라진다. 우리는 그 속에 수많은 이야기를 담고 있
다. 삶의 역경들을 이겨낸 나 자신을 보며 이제는 조연이 아닌
주연으로서 삶을 살게 된 데 정말 감사하다. 이것을 깨닫기까지
많이 돌고 돌아 여기까지 왔다. 이제는 내 삶을 돌아보며 흐뭇
하게 웃을 수 있다. 그 세월을 살아준 내게 감사하며 인고의 시
간은 값진 훈장처럼 남아 있다.

20~30대 청춘을 바친 곳에서 나는 많은 것을 깨닫고 교훈을
얻었다. 어린 나이에 장사를 시작하며 나는 용기와 모험이 많다
는 것을 알게 되었다. 또한 사람을 끌어당기는 매력도 있다는 걸
장사하며 알 수 있었다. 그때 당시에는 장사하기 위해 어쩔 수
없는 선택으로 사람들에게 친절하게 대했다고 생각했지만, 세

월이 지난 지금 다시 돌이켜 생각해보면 나의 장점 중 하나였다. 그 경험을 통해 나는 사람들에 대해 이해심을 갖게 되었고 시골 어르신들을 보며 연민의 감정도 가졌다. 많은 큰일을 치르며 일에 대한 두려움이 점점 사라졌다. 이제는 어떤 큰일이 닥친다 해도 잘 헤쳐나갈 수 있을 만큼 단단해진 것이다. 혼자 힘들어 많이 울기도 운 곳이지만 내 인생의 반 가까운 세월을 보낸 곳이라 아직도 그곳에서의 기억들이 생생하게 떠오른다. 모든 감정을 다 겪은 듯하다. 그러기에 무슨 감정이라 이야기하면 사례를 바로 들 수 있을 정도로 20년의 세월은 길고도 긴 세월이다.

나의 철없는 행동에서 비롯된 결과는 오롯이 혼자서 감당해야 했다. 내가 선택한 결과들에 대해 책임질 사람도 자신이다. 그 결과를 쉽게 받아들이지 못해 스스로 생을 마감해야겠다는 생각으로 극단적 선택까지 하며 아까운 내 인생을 포기하려 했던 지난날들이 떠오른다. 하나밖에 없는 아들에게 큰 아픔을 남길 뻔한 나 자신을 보며 아들에게 한없이 미안하고 또 미안했다. 내가 선택한 인생 중에 정말 크나큰 행운은 아들이다. 지금도 혼자 씩씩하게 세상을 향해 나가고 있는 아들을 보며 너무 감사하고 대견스럽기만 하다. 내가 선택한 인생의 결과물 중에 이런 보석이 또 어디 있겠는가? 보석보다 값진 나의 아들을 보며 늘 고맙고 고마운 마음뿐이다. 우리 인생은 장면마다 실패인 듯 보이지만 그곳에는 실패만 있는 것이 결코 아니다. 그 실패들을 통해 더 단단해지는 것이며 그 결과물은 나의 성공작이 되는 것이다.

어떤 삶을 살든 자기 사랑만큼은 절대 양보하지 마라

이혼 후 거의 20년 만에 직장생활을 시작하며 우여곡절을 겪었다. 이혼 후 나는 내 몸에 배어있는 행동들을 벗어던지는 것이 제일 힘들었다. 현실을 인정하고 받아들여야 함에도 허황한 망상 속에서 살고 있었다. 그 망상을 벗어던지기까지 또 여러 상황과 마주하고 나 자신을 인정하며 그 속에서 나의 재능을 발견하게 되었다. 정수기 필터 교체를 하러 다니면서 나는 돈을 버는 것을 너무 쉽게 생각했다는 것을 깨닫게 되었다. 남의 돈을 버는 것이 결코 쉬운 일이 아님을 알게 되었다. 또한 아무 경험도 없이 포장마차 동업에 뛰어들었던 지난날을 돌이켜본다. 나는 어쩌면 길지 않은 포장마차 경험이 내가 내 재능을 발견해 더 앞으로 나갈 수 있는 디딤돌 역할을 했다고 생각한다. 그 당시에는 빚만 남은 결과라고 생각했지만 나는 그 경험을 토대로 요식업에 대해 제대로 이해할 수 있었다. 그곳에서 생긴 인맥으로 내 인생의 새로운 장면들을 만들어갈 수 있었다. 우리는 이렇듯 살아가는 곳곳에 기회들이 숨어 있고 그 기회를 성공으로 연결하게 해주는 인맥도 존재한다.

수원에서의 홀로서기 과정은 정말 치열할 수밖에 없었다. 내게는 다른 선택지가 없었기에 매 순간 최선을 다하는 삶을 살아가게 된 것이다. 수원에서 나는 나의 재능을 알아봐주신 대표님으로 인해 자신감을 얻게 되었다. 내가 뭘 잘하며 앞으로 어떤 식으로 내가 걸어가야 할지를 깨닫게 해주신 고마우신 분이다. 그분께 혼도 나고 칭찬도 들으면서 나는 성숙할 수 있었다.

또한 음식을 하는 사람의 기본적인 자질과 보람을 그곳에서 배울 수 있었다. 나를 도와주는 착한 동생들 그리고 가르침을 주시는 스승과도 같은 조리장님을 만날 수 있었다. 그 조리장님과 같이 메뉴를 만들며 많은 것을 배울 수 있었고 요식업이 어떤 곳인지 알 수 있었다. 아직도 연락하며 서로가 잘 되기를 응원해주는 내게는 소중한 존재다. 3년의 시간은 내게는 정말 뜻깊은 시간이었다.

코로나19로 인해 요식업계가 크게 타격을 받게 되면서 퇴사를 했다. 쉬는 동안 아르바이트로 채소가게에서 일했다. 나는 그곳에서 남에게 휘둘리지 말고 내가 스스로 굳건하게 걸어가야 함을 깨달았다. 사람은 똑같은 인격체다. 누구도 소중하지 않은 사람은 없다. 그러기에 상대방을 대할 때는 정말 진실로 대해야 한다. 그 사람을 이용하기 위해 내가 머리를 쓴다면 나도 언젠가는 다른 누군가에게 똑같이 이용당할 수밖에 없다. 그게 인생의 법칙이다. 그러기에 우리는 삶을 대할 때 무슨 상황에서건 진실로 대해야 함이다. 내가 뿌려놓은 씨앗들은 열매를 맺어 다시 내게 돌아온다. 그러기에 우리는 매 순간 뿌리는 씨앗에 진실함과 정성과 사랑을 불어넣어야 한다.

나는 자연드림을 다니며 그곳에서 직업 이상으로 사명감을 가지고 일하시는 분들을 보게 됐다. 힐러분들의 암 환우를 대하는 태도를 보며 정말 배울 점들이 많았다. 직접 체험을 다 해보며

어떤 삶을 살든 자기 사랑만큼은 절대 양보하지 마라

그 경험을 토대로 암 환우들의 멘토를 자처하시는 그분들은 진정 봉사자의 길을 가고 계셨다. 우리가 사회일원으로서 각자 맡은 자리에서의 역할들을 다 해낸다면 이 세상은 더 밝은 세상으로 나아질 것이 분명하다. 또한 그곳에서 식재료의 성질을 살리며 식재료 고유의 맛으로도 훌륭한 음식을 만들 수 있다는 걸 알수 있었다. 음식만으로도 병을 충분히 고칠 수 있음을 눈으로 보며 우리가 섭취하는 음식의 소중함도 일깨울 수 있었다. 협동조합으로 조합원들이 하나의 의식으로 뭉쳐 자연을 살리고 몸을 살리기 위한 운동들은 정말 인상 깊었다. 그곳에서 나는 주방장역할을 충실히 해냈다고 생각한다.

그곳에서 일하며 사고방식을 많이 바꾸게 되었다. 거기 계시는 실장님으로 인해 끌어당김의 법칙에 대해 알게 되었고 그때부터 긍정적인 생각들로 의식을 바꾸기 시작했다. 그러니 매 삶이 감사의 연속이었고 깨달음의 연속이었다. 우리가 가는 곳마다 언제나 좋은 인맥들이 기다리고 있다. 그 인맥들은 내게 더많은 깨달음을 제공하며 내가 더 성숙해질 수 있게 해준다. 그곳은 오픈 주방이었기에 일하는 도중 앉을 곳이 없었다. 10시간을 서서 일한다는 것이 쉬운 일은 아니었다. 나는 그곳을 다니며 몸무게가 8킬로그램이 빠져 48킬로그램이 된 적이 있다. 정말 뼈만 남았었다. 살도 빠졌지만, 몸 안에 있는 독소도 많이 빠졌다는 걸 알 수 있었다. 유기농 채소들과 항암 채소들을 섭취하며 몸의 변화가 일어남을 느낄 수가 있었다. 음식의 중요성을 체험으로 깨달을 수 있었다. 자연이 우리에게 주는 혜택들이 정말 감사하며 상추 한 잎도 소중하게 생각해야 함을 깨달은 것이다.

　지금은 작가로 삶을 살아가고 있다. 이 글을 쓰기 위해 나를 온전히 되돌아봐야 했으며 내 아픈 상처들을 끄집어내야만 했다. 마주하기 싫었던 진실들과도 마주해야 했으며 내 삶의 양면들도 봐야 했다. 삶에서 어떤 깨달음을 얻기 위해 살아왔는지를 되짚어보며 내 속에 있던 감정들을 많이 해소할 수 있었다. 또한 내가 살아가며 스스로 한계 지어놓은 것들이 정말 많음을 알게 되었으며 그 한계들은 내가 충분히 이겨내어 극복할 수 있는 것들이었다는 것도 알게 되었다. 나는 스스로 이렇게 글을 쓰게 될 줄은 몰랐다. 관심사가 아니었다. 하지만 나는 새로운 일을 도전했고 그 과정에서 많은 깨달음을 얻을 수 있었다. 내가 진정 소중하게 생각하며 살아온 관념이 무엇이었는지? 과연 나는 이 삶에서 어떤 경험을 하기 위해 이런 여정들을 택한 것이었는지 곰곰이 생각해보며 가슴으로 느낄 수 있는 시간이었다.

　우리는 많은 일을 겪으며 살아가고 있다. 그 삶 속에는 희로애락이 가득 차 있다. 때론 지치고 힘들어 쉬어가고 싶을 때도 있지만, 내일이란 새 희망이 늘 우리를 기다리고 있다. 그러기에 순간마다 감사하게 여기며 내 삶을 소중히 여기며 살아간다면 우리는 인생의 값진 선물들로 가득한 삶을 살아갈 수 있을 것이다. 그 속에 있는 내가 늘 주인공인 삶을 살아가야 하고, 소중한 나 자신을 사랑하는 삶으로 이어져야 한다. 우리의 인생 목표는 돈이 아니다. 돈보다 더 소중한 사람인 것이다. 그 사람들 속에 있는 나!

자신이 제일 소중하며 자신을 아끼고 사랑해줄 때만이 사랑이 무엇인지 알게 되는 것이다. 자기 사랑을 완성한 사람은 말하지 않아도 그 사람에게서 사랑의 에너지들이 방출된다. 사랑의 에너지가 자동으로 뿜어져 나오게 되어 있다. 우리 인생의 최종 목표는 사랑이다. 나는 그렇게 생각한다. 그러기에 그 사랑을 나눠주기 위해 살아가고 있는 것인지도 모른다. 지구상에 존재하는 모든 물질과 비물질까지도 사랑하며 감사하다. 나를 존재케 해주는 모든 것들에 대해 감사한 마음이다. 이런 사랑과 감사가 우리 모두에게서 나온다면 분명 이 세상은 밝고 아름다운 빛으로 빛날 것이다.

어떤 삶을 살든 자기 사랑만큼은
절대 양보하지 마라

제1판 1쇄 2024년 9월 5일

지은이 이현희
펴낸이 한성주
펴낸곳 ㈜두드림미디어
책임편집 이향선
디자인 디자인 뜰채 apexmino@hanmail.net

㈜두드림미디어
등 록   2015년 3월 25일(제2022-000009호)
주 소   서울시 강서구 공항대로 219, 620호, 621호
전 화   02)333-3577
팩 스   02)6455-3477
이메일   dodreamedia@naver.com(원고 투고 및 출판 관련 문의)
카 페   https://cafe.naver.com/dodreamedia

ISBN   979-11-93210-99-4 (03190)